Andreas Bruchhäuser

Mittelrhein

Andreas Bruchhäuser

Mittelrhein

Malerische Reise vom Mäuseturm bis zum Rolandsbogen

Nünnerich-Asmus
Verlag & Media

272 Seiten mit 235 Abbildungen

Titelbild: Burg Gutenfels und Pfalzgrafenstein, Pastell 2016

S. 2: Rheinhänge mit Schiff, Pastell 2017

S. 270: Foto von Conny Hulten-Bruchhäuser

Pastell- und Ölbilder in Besitz des Künstlers oder in öffentlichen und privaten Sammlungen; S. 240 und 262 aus der „Sammlung Rheinromantik"

Bibliografische Information der Deutschen Nationalbibliothek

Die Deutsche Nationalbibliothek verzeichnet diese Publikation in der Deutschen Nationalbibliografie; detaillierte bibliografische Daten sind im Internet über

http://dnb.d-nb.de abrufbar.

© 2017 by Nünnerich-Asmus Verlag & Media GmbH, Mainz am Rhein

© S. 38: Rhein = Fahrt / Lied, Enno Stahl
© S. 96: Der Himmel im Fluss, Kalle Grundmann
© S. 178: Fahrt auf dem Rhein, Stefan Andres
© S. 248: Träumerei, Karl Krolow

ISBN 978-3-945751-68-8

Konzept- und Textauswahl: Andreas Bruchhäuser und Dieter Gube

Lektorat: Anne Hessinger, Verena Caspers

Gestaltung: Addvice, Mainz, Hans Jürgen Wiehr

Druck: Beltz Bad Langensalza

Alle Rechte, insbesondere das der Übersetzung in fremde Sprachen, vorbehalten. Ohne ausdrückliche Genehmigung des Verlages ist es auch nicht gestattet, dieses Buch oder Teile daraus auf fotomechanischem Wege (Fotokopie, Mikrokopie) zu vervielfältigen oder unter Verwendung elektronischer Systeme zu verarbeiten und zu verbreiten.

Printed by Nünnerich-Asmus Verlag & Media GmbH

Weitere Titel aus unserem Verlagsprogramm finden Sie unter: www.na-verlag.de

Inhalt

Einleitung	6
Der Mäuseturm zu Bingen	10
Rheinische Nacht	30
Loreley	34
Rhein=Fahrt/Lied	38
Das Tal	58
Blick in den Strom	84
Der Himmel im Fluss	96
Marksburg	106
Berg' und Burgen schaun herunter	132
Wo bitte ist das Deutsche Eck?	160
Fahrt auf dem Rhein	178
Sachliche Rheinromantik	206
Rhein	234
Träumerei	248
Roland – die Sage und der Bogen, kläglicher Rest der Burg Rolandseck	264

Der Mittelrhein – „vom Zauber des Rheins ergriffen!"

Jeden Tag dieselbe Strecke, jahrein – jahraus, seit über 25 Jahren... Da kennt man eigentlich die Strecke und würdigt die Umgebung aus dem Zugfenster keines Blickes mehr. Ich weiß, wovon ich rede: Koblenz – Mainz und zurück.

Tja – wenn es nicht die Rheinstrecke wäre, besonders das obere Mittelrheintal, das bei Bingen beginnt und von der UNESCO zum Weltkulturerbe erklärt wurde.

Was in aller Welt ist so besonders an diesem Tal, das seine Wirkung sowohl auf die empfänglichen Besucher wie auch auf die ansässigen Bewohner ausübt? „Vom Zauber des Rheins ergriffen" ist ein geflügeltes Wort geworden und beschreibt treffend die Wirkung der Landschaft, deren Reizen man sich kaum entziehen kann.

Und wenn man wie ich selbst fast jeden Werktag durch dieses Tal pendelt, meint man, dass vielleicht irgendwann die Faszination nachlässt. Doch weit gefehlt: Zu jeder Tages- und Jahreszeit, mit jeder Wetterstimmung verändert sich das Erscheinungsbild dieser einzigartigen Landschaft, und die mal mystisch-magischen, mal dramatischen, aber immer wirkungsvollen Lichteffekte des Mittelrheins bezaubern aufs Neue!

Es ist das Zusammenspiel von Wasser und Bergen, von Weinhängen und Wäldern, von Burgen und Kirchen, von Vergangenheit und Gegenwart, welches zum unbestreitbaren Faszinosum des Mittelrheins führt. Dazu kommen die bereits erwähnten jahreszeitlichen Veränderungen, die verschiedenen Tageszeiten und die unterschiedlichen Lichtstimmungen – nie wird es langweilig in diesem Tal; immer wieder bleibt es faszinierend, fesselnd, anregend...

Der Mittelrhein ist ein ideales Objekt für einen Maler, sollte man meinen, wenn er sich dem Thema Landschaft als Möglichkeit der künstlerischen Betrachtung zugewandt hat. Schaut man sich allerdings die kunsthistorische Entwicklung der letzten Jahrzehnte an, gibt es zunehmend weniger ernsthafte Auseinandersetzungen mit diesem Thema zu sehen – selbst nicht von der doch so beeindruckenden Rheinlandschaft. Weniger, aber glücklicherweise gibt es sie. So hat sich Andreas Bruchhäuser schon während des Studiums an den Kunstakademien in Frankfurt und Düsseldorf nicht von den zeitgeistigen Strömen davon abhalten lassen, Landschaften zu malen. Nachdem er in Koblenz seinen Lebensmittelpunkt gefunden hatte, widmete er sich auch – wie könnte es anders sein – der Gegend um ihn herum und malt seit nunmehr über dreißig Jahren Landschaftspastelle, die in der Vielfalt und Intensität der Rheindarstellungen, dem Wechselspiel von Wasser, Wolken, Berghängen und Licht ihre reichhaltigen Inspirationen und malerischen Empfindungen zum Ausdruck bringen. Neben dem Medium Pastell beherrscht Andreas Bruchhäuser auch die Malerei in Öl – wie seine Porträts oder die beiden Beispiele am Anfang und am Ende dieses Bildbandes zeigen, aber seine Landschaftswerke in Pastellkreide sind zu einem Markenzeichen geworden, zu seiner unverwechselbaren Handschrift.

Die unzähligen Motive des oberen und unteren Mittelrheintales sind das Thema dieser malerischen Reise vom Mäuseturm bei Bingen bis zum Rolandsbogen gegenüber dem Siebengebirge. Wir finden immer wieder den Rheinstrom, die Täler und Hänge, die Burgen und Ortschaften – und selbst wenn der Fluss nicht direkt zu sehen ist, so handelt es sich doch um typische Landschaften und Höhenzüge des Rheins. Dabei sind die Bilder fast immer – auch im Winter – vor Ort gemalt, zumindest aber in den Strukturen und Farben angelegt und dann im Atelier vollendet. Dieses Malen in der freien Natur hat seine Schwierigkeiten, insbesondere durch den Zug der Wolken und die pausenlose Änderung der Stimmungen. Vor allem diese Situationen reizen Andreas Bruchhäuser – ein wolkenloser Himmel mit reiner Sonne und klaren Lichtverhältnissen sind für ihn Postkartenansichten ohne Spannung, ohne spezifische Rheinstimmung. Erst durch die Wolken, durch die gebrochene Beleuchtung des Sonnenlichts und die Verschleierung durch Dunst und Nebel entstehen besondere Schattenwirkungen, kommt malerische Dramatik ins Bild.

Der ideale Mittelrhein, Öl-Acryl 2016

Über Jahrhunderte zeigen Darstellungen des Rheins immer ein und dieselbe Stimmung: den Sommernachmittag oder frühen Abend mit Sonnenuntergang im goldenen strahlenden oder anheimelnden Sonnenlicht. Und selbst in der Rheinromantik des 19. Jahrhunderts finden sich immer wieder dieselben, vertrauten Ansichten. Zum Sonnenlicht gesellt sich zwar immer öfters auch der Mond, doch der Winter am Rhein z.B. ist ganz selten zu sehen. Mit William Turner beginnen dann die Nebelwände und Dunstschwaden bei den Rheindarstellungen, und in seinen Aquarellen tauchen Inversionsstimmungen auf.

Andreas Bruchhäuser ist mit seinen Rheinpastellen schon öfters mit William Turner verglichen worden – doch er zeigt den Rhein nicht nur verklärend, sondern ganz deutlich ist die Gegenwart mit Straßen, Brücken, Fabriken und Lastschiffen oder auch der Seilbahn in Koblenz erkennbar. Daher hat Gisela Götz vom Arp-Museum zutreffend gesagt: „Andreas Bruchhäuser ist *der* Maler der zeitgenössischen Rheinromantik".

Seine Rheinmotive sind allerdings nicht „romantisierend" – dies ist keine klassische Romantik, welche die Erhabenheit durch Überhöhung der Realität zu erreichen sucht. Andreas Bruchhäuser macht in seinen Bildern die innewohnende Romantik der Realität sichtbar, er macht uns darauf aufmerksam, dass der Zauber der Rheinlandschaften wirklich vorhanden ist – ja, er bringt durch das Flirren und Glitzern von Wasser und Licht erst die wahre Poesie der Natur zum Ausdruck. Verschleierungen machen dabei die Motive spannend und geheimnisvoll – und wenn das Geheimnis wirklich spürbar ist, dann ist es auch Realität.

Dies schafft Andreas Bruchhäuser insbesondere dadurch, dass er ein wirklicher Maler des Lichtes ist. Viele behaupten es zu sein, doch wenn man sich ihre Werke anschaut, dann malen sie die Sonne, sie nehmen helle Farben, aber *malen* sie das Licht? Ich will gar nicht zu viel analysieren, um das Mystische in seinen Pastellen nicht zu zerstören; nur ein Hinweis darauf, was diesen Lichtzauber hervorruft: es ist das Zusammenspiel von den Lichtstrahlen der Sonne – die Sonne selbst ist eher selten zu finden –, von Wolken und Dunstschwaden auf dem Wasser, von Nebelbänken im Rheintal und den landschaftlichen Hintergründen als Kontrast oder Projektionsflächen. Und dazu kommt bei den Rheinbildern noch ein weiteres wichtiges Element: das Wasser des Flusses mit seinen Spiegelungen, seinem Glitzern und Gleißen, den Reflexen der Strömung und der Wasseroberfläche. Diese „Rheinlichter" zählen zu den stärksten malerischen Umsetzungen – voller Dramatik und Bühnenreife.

Seine Bilder vom Mittelrhein sind keine fotografisch exakten Abbildungen, sondern „malerische Neuschöpfungen". Fotorealismus hat durchaus seinen besonderen Reiz, aber vermittelt das optisch genau Nachvollziehbare auch immer die Wirklichkeit?

Die Rheindarstellungen von Andreas Bruchhäuser haben diese vermittelnde Eigenschaft, machen quasi die Dinge für den Betrachter lebendig – ein, wie ich finde, nach wie vor zutreffendes Attribut der Kunst. Wie schon Claude Monet es so wunderbar ausgedrückt hat: „Die Aufgabe des Künstlers besteht darin, das darzustellen, was sich zwischen dem Objekt und dem Künstler befindet, nämlich die Schönheit der Atmosphäre." Jeder, der die Pastellgemälde betrachtet, spürt sofort die räumliche Tiefe in der Komposition, atmet fast die Luft darin, ist von den meist zarten Valeurs der Farben verzaubert und damit auch „vom Zauber des Rheins ergriffen". Die Rheinlandschaften von Andreas Bruchhäuser laden ein zu einer malerischen Reise eines zeitgenössischen Künstlers vom Mäuseturm bis zum Rolandsbogen – durch das Tal des zauberumfangenen Mittelrheins.

Dieter Gube

„*Hier kreuzen sich die bedeutendsten europäischen Kulturströme, frühe mediterrane Einflüsse, westliche Regionalismen, östliche Neigung zum Okkulten, nördliche Mythologie, preußisch-kategorischer Imperativ, Ideale der Französischen Revolution und noch manches andere.*"

Max Ernst, 1953

Lichtfall auf den Rhein, Pastell 2014

Der Mäuseturm zu Bingen

Mit dem Namen des Mainzer Erzbischofs Hatto verbindet man – nun absolut zu Unrecht – eine der schaurigsten Geschichten aus dem wunderschönen und romantischen Welterbe „Oberes Mittelrheintal".

Dabei ist er unschuldig, na ja, auch zu seiner Zeit waren die reinen Unschuldslämmer schon ausgestorben, wer ist schon ganz ohne jede Schuld – aber mit dieser üblen Geschichte vom Mäuseturm hat er nichts, rein gar nichts zu tun. Übrigens auch der zweite Hatto nicht, bevor sich jetzt irgendwelche selbsternannten Sagenexperten unaufgefordert zu Wort melden.

Aber der Reihe nach: geboren wurde er – wann genau, weiß man nicht mehr, doch so um das Jahr 850 jedenfalls – als Kind einer schwäbischen Adelsfamilie. Sicher gehörte er nicht zu den Dümmsten in seiner Familie, konnte lesen und schreiben, war gebildet, so sagt man jedenfalls und, nachdem er Abt gleich mehrerer Klöster geworden war, exzellent vernetzt. Er hatte Freunde in den besten Kreisen: König Arnulf von Kärnten zum Beispiel, der hat ihn auch zum Erzbischof von Mainz gemacht, und später noch die Könige Ludwig und Konrad I. Obwohl eigentlich Kirchenmann – also Theologe, davon verstand er schon etwas, siehe die Synoden von Frankfurt und Tribur in den Jahren 892 und 895 –, hat er kräftig in der Politik mitgemischt. Das bescherte ihm allerdings den Ruf einer gewissen Skrupellosigkeit, so, als ob es jemals ganz ohne gegangen wäre. Aber lassen wir das, kommen wir lieber zur eigentlichen Geschichte.

Der Geschichte vom Mäuseturm – da fängt es schon an; die Denkmalexperten der Neuzeit, also jene beamteten Landeskonservenväter, sind sich nicht einmal einig, seit wann der Turm da auf der kleinen Rheininsel überhaupt steht. Eins ist gewiss, sicher nicht zu Hattos Zeit, sondern eben viel später: erste Hälfte des 14. Jahrhunderts sagen sie, vielleicht sogar noch ein bisschen später: 1371 – das ist zwar jetzt eine genaue Jahreszahl, aber ob es deshalb richtiger ist? Und übrigens, was man da jetzt zu sehen bekommt, ist sowieso viel neuer. Im Dreißigjährigen Krieg wurde der Turm nämlich zerstört, und den Preußen verdanken wir es, dass heute keine Ruine mehr im Rhein steht. Sie bauten ihn in den Jahren 1856 bis 58 – die Jahresangaben sind jetzt nicht nur genau, sondern stimmen auch – wieder auf; immerhin war der Herr Dombaumeister aus Köln damit beauftragt, und seine Majestät, der Herr König höchstselbst, hatte sich sogar mehrfach in die Ausführungsdetails eingemischt.

Dass der Turm überhaupt Mäuseturm heißt – erstmals für das Jahr 1516 so belegt –, hängt nur damit zusammen, dass die Leute damals nicht mehr des Alt- oder Mittelhochdeutschen mächtig waren. Die Funktion des Turms war die eines Wach- oder Zollturmes – mittelhochdeutsch: musen = lauern, spähen; respektive im Althochdeutschen: muta = Wegezoll.

Aber was hat sich nun so Schlimmes dort ereignet? Die Leute erzählen, Hatto sei nicht sonderlich beliebt bei seinen Mainzern, sei hart und geizig gewesen. Mit dem Geiz ist das so eine Sache; bekanntlich kommt man ja nicht durchs Ausgeben zu Reichtum, sondern indem man seine Groschen zusammenhält. Und ein Konkordat, das die Besoldung der Bischöfe regelt, gab es ja auch noch nicht.

Die eigentliche Geschichte beginnt also mit einer Hungersnot im Bistum Mainz. Ausgehungert hätten die armen Menschen vor ihm gestanden und um Brot gebettelt. Nicht nur, dass er ihnen nichts zu beißen gegeben, beschimpft habe er sie auch noch, dass sie Faulenzer seien und auf seine Kosten leben wollten. Weil sie aber mit dem Jammern einfach nicht aufhören wollten – jetzt wird es richtig übel –, hat er sie dann in eine Scheune führen lassen, vermeintlich voll Getreide. Die Scheune hat er dann verschließen und anschließend anstecken lassen. Das laute Wimmern und Jammern, das aus den Flammen nach draußen drang – nun kommen endlich die Mäuse ins Spiel – soll er dann mit den Worten „Hört, hört, wie die Mäuse pfeifen!" kommentiert haben. Die Mäuse sind aber tatsächlich gekommen und gleich zu Hunderten, Tausenden und Abertausenden über ihn hergefallen. Sie haben ihn verfolgt, sodass er sich als letzte Zuflucht eben jenen Turm im Rhein bauen ließ. Im obersten Geschoss sei sein Bett dann an Ketten aufgehängt worden: also so etwas wie eine mittelalterliche Hollywoodschaukel. Funktioniert hat es trotzdem nicht. Der Sage nach habe man ihn Tage später nur noch als Gerippe gefunden, völlig von den Mäusen aufgefressen, jeder einzelne seiner Knochen sauber abgenagt – also wenigstens die Mäuse sind satt geworden.

Irgendwie hat den Leuten die Geschichte wohl gefallen, sonst würde sie heute nicht immer noch erzählt. Aber sie stimmt trotzdem nicht.

Michael Hörter

Mäuseturm an der Nahemündung, Pastell 2015

Binger Mäuseturm, Pastell 2000

Mäuseturm und Ruine Ehrenfels, Pastell 2015

Abendliches Assmannshausen, Pastell 2001

Lorcher Werth und Burg Sooneck, Pastell 2014

Burg Sooneck, Pastell 2003

Niederheimbach, Pastell 2003

Von Bacharach rheinaufwärts, Pastell 2014

Pfalzgrafenstein im Rhein bei Kaub, Pastell 2014

Burg Gutenfels (Cube) und Pfalzgrafenstein, Pastell 2016

Pfalzgrafenstein, Pastell 1999

Rheintal zwischen Oberwesel und Kaub, Pastell 2014

Rhein bei Oberwesel, Pastell 2006

Die Schönburg und das Dellhofener Tal, Pastell 2014

Rheinstrom in Richtung Kaub, Pastell 2012

Oberwesel im Winter, Pastell 2010

Kammereck, Pastell 2009

Die Schönburg über der Liebfrauenkirche, Pastell 2002

RHEINISCHE NACHT

In meinem vollen Glas bebt flammengleich der Wein
Hört wie ein Schiffer sacht erzählt in seinem Sang
Wie er wohl sieben Fraun gesehn im Mondenschein
Flechten ihr grünes Haar bis an die Füße lang

Steht auf und lauter singt und hebt den Rundtanz an
Damit ich nur das Lied des Schiffers nicht mehr hör
Die blonden Mädchen holt an meine Seite dann
Die mit dem festen Blick das Haupt von Zöpfen schwer

Denn trunken ist der Rhein dort spiegeln sich die Reben
Und aller Nächte Gold versinkt im Wellenbeben
Noch immer aber tönt die Stimme todesbang
Von grünbehaarten Feen die Zaubernacht entlang

Und als mein Glas zerbrach es wie Gelächter klang

Guillaume Apollinaire

Die Sieben Jungfrauen bei Oberwesel, Pastell 2014

Rheinhang mit Günderodehaus, Pastell 2013

Rheintal vor der Loreley, Pastell 2014

なじかは知らねど心わびて

Können Sie das lesen? Respekt, Sie können Japanisch! Prima, ich nicht. Aber jeder japanische Schüler kann es lesen. Das muss jetzt nicht sonderlich verwundern, dass die Japaner ihre eigene Schrift lesen können, aber, man höre und staune: jeder japanische Schüler, jede japanische Schülerin kann nicht nur diese Zeile, sondern auch noch die übrigen 23 und zwar auswendig aufsagen. Und das gefühlt seit 1884; Sie haben richtig gelesen: 1884. Seitdem steht dieser Text nämlich in den japanischen Schulbüchern – Pflichtlektüre!

Dabei kennen Sie den Text auch; ich trage Ihnen mal Zeile 1 auf Deutsch vor:

„Ich weiß nicht, was soll es bedeuten …"

Das kennen Sie jetzt auch, ebenso die übrigen 23 Verse? Oder geht es Ihnen wie mir? Seien Sie ehrlich, ich komme nicht über Vers 4 hinaus. Das liegt aber daran, dass ich zu der Generation gehöre, die in der Schule nicht mehr auswendig lernen musste. Nehmen wir uns doch ein Beispiel an den japanischen Schülern, die haben unsere Loreley echt drauf.

Unsere Loreley: Sie kennen die Sage, genauer die Sagen; es gibt nämlich nicht nur die eine. Konzentrieren wir uns auf die drei bekanntesten. Als da wären: 1. *Die verlassene Braut*, 2. *Sie kämmte ihr goldenes Haar* und 3. *Die Loreley und der Teufel*. Übrigens, egal ob Schiffer oder Teufel, in der ersten Variante fehlen die goldenen Locken. Und dann gibt's noch die Gedichte, das vom Heine und das vom Brentano (26 Strophen à 4 Verse). Und noch das Lied – haben Sie es im Ohr? – also Text von Heinrich Heine, Vertonung durch Friedrich Silcher. Klar, es gibt noch viel mehr, aber ich denke mal, das sollte fürs Erste reichen.

Fangen wir bei der Variante *Die verlassene Braut* an. In der Story soll unsere Loreley sogar wirklich gelebt haben und richtig schön gewesen sein, so schön, dass die Männerwelt knatsch-verrückt nach ihr war. Trotz der vielen Verehrer, die ihr tatsächlich oder virtuell (damals waren das dann die Minnesänger) zu Füßen lagen, liebte sie nur und ausschließlich ihren Ritter Eberhard. Der Arme musste in den Krieg ziehen, und schon witterte die gesamte Männerwelt Morgenluft. Sie aber blieb standhaft, ließ keinen an sich ran. Vor lauter Liebeskummer brachten sich die abgewiesenen Kerle reihenweise um. Wegen der vielen Todesfälle vermutete man, die hübsche Loreley sei eine Hexe. Hexen mochte man damals gar nicht, und so musste sie vor Gericht. Der Kölner Erzbischof war zuständig, was sich als Glück für sie herausstellen sollte, denn er hatte Mitleid mit unserem hübschen Kind: Statt Verbrennen gab es als Strafe nur die Verbannung ins Kloster – eine wirklich anständige Alternative, wie ich finde! Auf dem Weg dorthin bat sie darum, nochmals auf den Felsen am Rhein klettern zu dürfen, um so einen letzten Blick auf die Burg ihres geliebten Gatten werfen zu können. Es passierte, was passieren musste: Just in dem Moment schippert der Ritter in einem kleinen Nachen den Rhein herunter, sieht seine Angebetete, achtet nicht auf die Felsen, kentert und ertrinkt. Was macht unsere Loreley? Klar, da gibt es nur eins: voll Verzweiflung hinterher springen. Sie wurde nie wieder gesehen.

Schon ganz nett die Geschichte – nun die Variante *Goldenes Haar*. Diese ist schnell erzählt: Ein Mädel namens Loreley, viel goldenes Haar (also so richtig von Natur aus blond), sitzt auf Felsen, kämmt sich den ganzen lieben langen Tag ihre Locken und trällert munter ein Liedchen *(eine wundersame, gewaltige Melodei)* – immer dasselbe. Aussehen und Gesang waren so betörend, dass die (männlichen) Schiffer regelmäßig abgelenkt wurden und ihren Kahn gegen den Felsen fuhren. So etwas endet tödlich, meistens jedenfalls – Ende der Geschichte.

Die Variante *Teufel*: Teil 1 ist wie die Nummer vorher – goldenes Haar, kämmen, Liedchen trällern, Stromschnellen, Männer ins Unglück stürzen – soweit bekannt. Neu ist, dass die hübsche Loreley kein menschliches Wesen, sondern eine Rheinnixe ist. Deshalb beißt sich sogar der Teufel an ihr die Zähne aus, kann sie nicht für sich gewinnen. Der Teil 2 der Geschichte geht so: Der Teufel höchstselbst fährt mit seinem Schiff den Rhein runter. Da die Stelle dort wirklich recht eng ist, kommt er auf die glorreiche Idee, die Passage zu weiten. Zu diesem Zwecke stemmt er sich mit seinem Rücken auf der gegenüber liegenden Seite gegen den Felsen und versucht diesen ein Stück wegzuschieben. Ob es nun der Eingriff ins schöne Tal war oder was auch sonst der Grund gewesen sein mag, Loreley beginnt das zu tun, was sie am besten kann: Kämmen und Singen. Der Teufel ist hin und weg – kann nicht mehr den Felsen verrücken, sondern wird selbst völlig verrückt. Er brennt förmlich vor Liebe zu der hübschen Nixe, wird so heiß, dass er dampft – stellen Sie sich das mal vor – und am Felsen festklebt. Gut, Smogalarm – von wegen des Dampfes – Loreley hört auf zu singen, man will ja keine Umweltschäden an dieser wunderschönen Stelle erzeugen, zumal unsere süße Nixe noch ein bisschen bleiben will: Es sollen ja noch in der Zukunft Heerscharen von Japanern kommen. Der Teufel kann sich nun wieder vom Felsen lösen und sieht zu, dass er das Weite findet. Die Stelle hat er danach, zumindest gibt es keine anderen Beobachtungen, weiträumig gemieden. Was geblieben ist: Seine Gestalt hat sich schwarz in die Felsenwand eingebrannt. Und geblieben ist auch die Loreley; die singt noch immer und wartet auf ihre Erlösung (oder Ablösung, denn mittlerweile ist das Mädel auch nicht mehr taufrisch). Was soll man jetzt davon halten? Kurze Prüfung des Wahrheitsgehaltes der dritten Variante – na, fahren Sie doch selbst mal hin und suchen Sie den Abdruck des Teufels.

Bleibt noch eine Frage zu klären: Ist die Loreley nun das männermordende Wesen, das die armen Schiffer ins Verderben führt? Der Schiffer, könnte er sich noch vor seinem Eheweib wegen des Schiffbruchs rechtfertigen, würde genau das behaupten. Ich finde, er irrt: und zwar gewaltig. Warum sollte die süße Loreley überhaupt sein Verderben wollen? Hatte sie beabsichtigt, diesen Schiffer in sein Verderben zu führen? Ist dieser blöde Schiffer ihr in irgendeiner Weise wichtig? Nein, sie sang, weil es ihr Spaß machte, und sie war bildhübsch, weil sie sich beim Verteilen der Schönheit gleich mehrfach gemeldet hatte. Und sie kämmte sich auch nicht, weil sie damit einem Mann die Sinne rauben wollte, sondern weil man lange Haare halt kämmen muss. Der Schiffer hätte sich einfach mal die Geschichte des Odysseus vor Augen führen sollen. Der wusste, wie man's macht!

Und Sie, Sie lernen das Gedicht jetzt sicher auswendig; ich jedenfalls könnte es mittlerweile aufsagen!

Michael Hörter

Mond über der Loreley, Pastell 2006

Der Loreley-Felsen, Pastell 2007

Rhein = Fahrt/Lied

So oft der
    weg: der weg-
    weg
den fluß lang m.
spezial-magie: nicht
nur lore
leilei nicht
nur hügels'
eros' wog'n: nein
mein sein
spült mit
darin: mein her-
(kunft)sein
    (»wo'ch von wech bin!«)
mein so-
sein mein rhein-
(land)sein
(=verort-
ung d. ortlosn/ sich
zug' hörign + beig'
selln): zaubr-
isch also wallts ü-
berm (lakritzn)strom: zaubr-
isch nicht myth-
isch.

          Enno Stahl

Flussglitzern am Fuße der Loreley, Pastell 2005

Loreley und Burg Katz, Pastell 2013

Ruinen der Burg Rheinfels, Pastell 2013

Ruine Rheinfels bei St. Goar, Pastell 2013

Rheintal bei St. Goar, Pastell 2014

Rheinufer bei Wellmich, Pastell 2015

Ehrentaler Werth bei St. Goar-Fellen, Pastell 2014

Rheinhänge mit dem Ehrentaler Werth, Pastell 2013

Ehrentaler Werth, Pastell 2004

Rheinuferstraße mit Ehrentaler Werth, Pastell 2004

Rheinschiefer zwischen Wellmich und Kestert, Pastell 2014

Rheingestade mit Blick auf Hirzenach, Pastell 1999

Hirzenach, Pastell 2014

Kestert, Pastell 2015

Rheinseitental bei Kestert, Pastell 2008

Bad Salzig und Kamp-Bornhofen, Pastell 2014

Der Rhein mit den Feindlichen Brüdern, Pastell 2006

Die Burgen Sternberg und Liebenstein, Pastell 2014

Panorama Kamp-Bornhofen, Pastell 2009

Das Tal

Mit dem grauen Felsensaal
Und der Handvoll Eichen
Kann das ruhevolle Tal
Hundert andern gleichen.

Kommt der Strom mit seinem Ruhm
Und den stolzen Wogen
Durch das stille Heiligtum
Prächtig hergezogen,

Und auf einmal lacht es jetzt
Hell im klarsten Scheine,
Und dies Liederschwälbchen netzt
Seine Brust im Rheine!

Gottfried Keller

Rheinfelsen bei Bad Salzig I, Pastell 2002

Rheintal zwischen Kamp-Bornhofen und Bad Salzig, Pastell 2008

Rheinfelsen bei Bad Salzig II, Pastell 2009

Der Strom zwischen Kamp-Bornhofen und Bad Salzig, Pastell 2011

Rheinfelsen bei Bad Salzig III, Pastell 2010

Felsen gegenüber Kamp-Bornhofen, Pastell 2013

Rheinhänge zwischen Bad Salzig und Boppard, Pastell 2009

Ufer zwischen Bad Salzig und Boppard, Pastell 2009

Kamp-Bornhofen, Pastell 2011

Rheinschleife bei Boppard, Pastell 2011

Türme von Boppard, Pastell 2000

Rheinschleife zwischen Boppard und Filsen, Pastell 2009

Filsen und Boppard, Pastell 2004

Vierseenblick nach Osterspai, Pastell 2009

Rheinhöhe zwischen Boppard und Osterspai, Pastell 2007

Rheinufer bei Osterspai, Pastell 2012

Der Bopparder Hamm, Pastell 2015

Schiff vor Bopparder Hamm, Pastell 2009

Verschneiter Bopparder Hamm, Pastell 2002

Bopparter Hamm, Pastell 2010

Vierseenblick auf den Bopparder Hamm, Pastell 2009

Weinhänge des Bopparder Hamms I, Pastell 2014

Blick von Osterspaier Lach zum Bopparder Hamm, Pastell 2001

Weinhänge des Bopparder Hamms II, Pastell 2015

Bopparder Hamm in Richtung Spay, Pastell 2004

Blick in den Strom

Sahst du ein Glück vorübergehn,
das nie sich wiederfindet,
ist's gut, in einen Strom zu sehn,
wo alles wogt und schwindet.

Oh starre nur hinein, hinein –
du wirst es leichter missen,
was dir, und sollt's das Liebste sein,
vom Herzen ward gerissen.

Blick unverwandt hinab zum Fluß
bis deine Tränen fallen;
und sieh durch ihren warmen Guß
die Flut hinunterwallen.

Hinträumend wird Vergessenheit
des Herzens Wunde schließen;
die Seele sieht mit ihrem Leid
sich selbst vorüberfließen.

Nikolaus Lenau

Der Strom bei Osterspai, Pastell 2014

Rheinschleife bei Osterspai, Pastell 2015

Rheinglitzern am Bopparder Hamm, Pastell 2004

Rheinlache bei Osterspai I, Pastell 2016

Rheinlache bei Osterspai II, Pastell 2009

Rheinufer bei Osterspai, Pastell 2010

Rheinlache bei Osterspai III, Pastell 2011

Rheindamm bei Osterspai, Pastell 2008

Rheinufer bei Spay, Pastell 2001

Blick in Richtung Osterspai I, Pastell 2015

Blick in Richtung Osterspai II, Pastell 2011

Der Himmel im Fluss

Der Himmel im Fluss
Licht tausendfach gebrochen
aber nicht einfach nur Abbild
Kein seeglatter Spiegel

Im Fluss tanzen die Wellen
Berge zwingen zum Fließen
zum Abtragen und Anlanden von Erde
Vater Rhein muss sehen wir er durchkommt

Durchs Tal mit Bergen wie quer liegende Balken
Hie und da geschmückt mit Menschenhäusern
mit Wiesen und gelbgrünen Baumreihen
Es hätte schlimmer kommen können – für Vater Rhein

Der Himmel im Fluss
Er gibt die Farben vor
Rot, Weiß, Blau
Himmel und Fluss – sie tragen die gleichen Farben

Der Himmel im Fluss
Er ist nicht statisch
ein für alle Mal vorgegeben
Er muss immer wieder neu gebrochen werden.

Auf der Erde
Im Gehen, Laufen, Stolpern, Tanzen, Fallen
im Großen wie im Kleinen – im Leben und Sterben
Jeder muss sehen wie er da durchkommt

Durchs Tal der Freuden und der Tränen
Keiner tanzt allein auf diesen Wellen
ohne Teilen geht es nicht
Es hätte schlimmer kommen können – für jeden

Der Himmel im Fluss
Er gibt die Farben vor:
Da sein, für sich, für andere, für Gott?
Himmel und Fluss – sie tragen die gleichen Farben

Kalle Grundmann

Blick auf das Rheinufer bei Spay, Pastell 2009

Rheinhöhe oberhalb von Spay, Pastell 2009

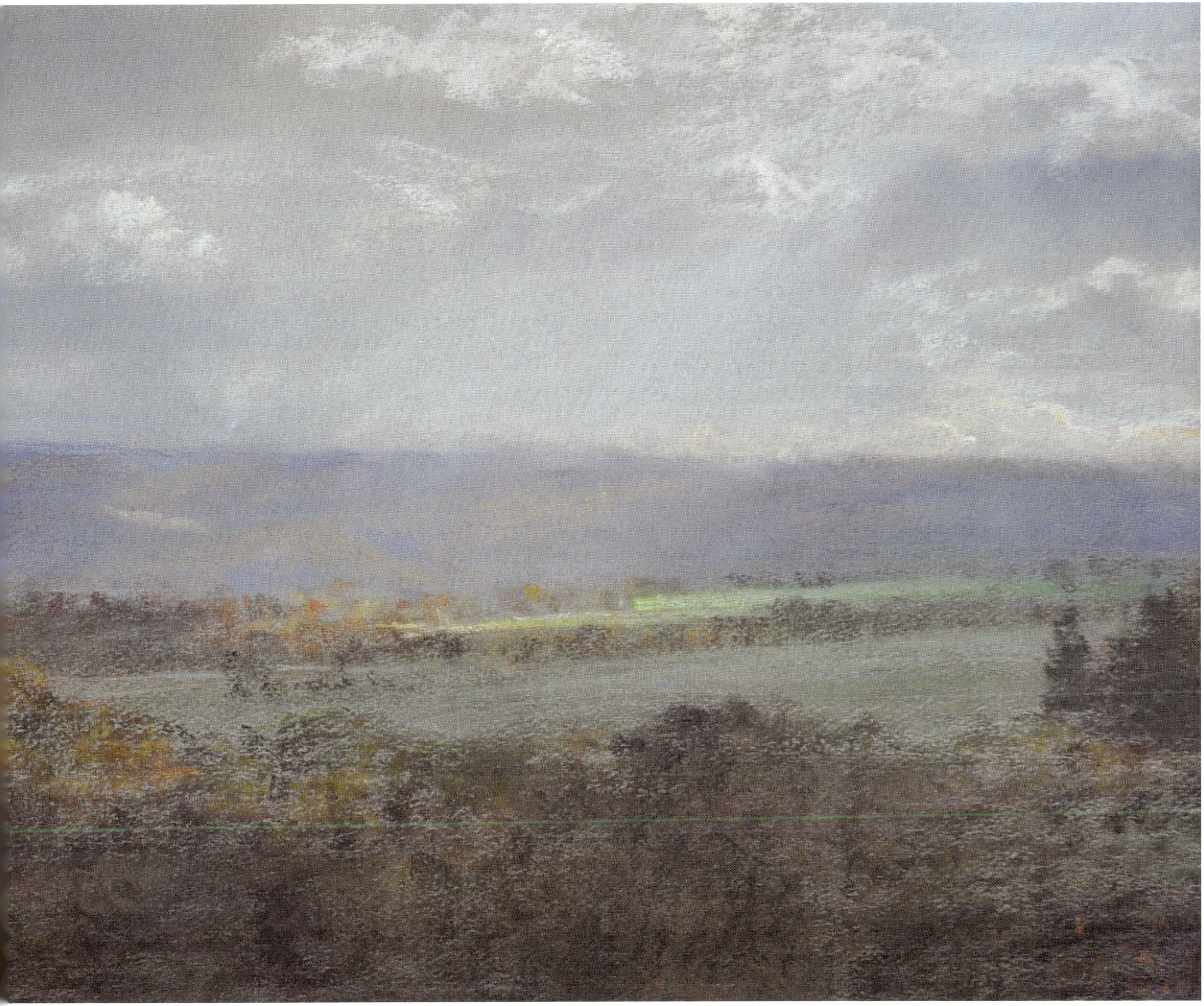

Rheinbogen mit Spay, Pastell 2011

Rhens mit dem Scharfen Turm, Pastell 2011

Rheinhöhe oberhalb von Rhens, Pastell 2004

Rheinufer vor Braubach, Pastell 2011

Morgenlicht auf der Marksburg, Pastell 2008

Marksburg mit Friedhofskapelle, Pastell 2012

Die Marksburg – Annäherungen an die Gralsburg am Mittelrhein

Kaum eine Burg am Rhein hat eine solche Ausstrahlung und mystische Aura wie die hoch über Braubach gelegene Marksburg. Als einzige nie zerstörte Höhenburg am Rhein und Sitz der Deutschen Burgenvereinigung seit über hundert Jahren hat sie schon besondere Alleinstellungsmerkmale. Vor achthundert Jahren gegründet, hat sich dieses einzigartige Baudenkmal mit seinen starken Umfriedungen und Bastionen, seinen wuchtigen Wohngebäuden sowie dem hoch aufragenden Turm zum Inbegriff einer mittelalterlichen Burganlage entwickelt – stolz, abweisend und uneinnehmbar über dem Rhein thronend, der zu Füßen der Marksburg in einem weiten Bogen fließt.

Da Andreas Bruchhäuser seine Bilder zunächst „en plein air" erarbeitet, macht er sich spontan auf den Weg, wenn die Lichtverhältnisse und Stimmungen seinen Vorstellungen entsprechen. Dabei weiß er meist vorher nicht, welches Motiv letztlich für ein Bild ausschlaggebend sein wird. Im Laufe der Zeit haben sich allerdings besondere Plätze und Bereiche herauskristallisiert, nicht wegen ihrer Bedeutung oder Prominenz, sondern weil er dort ganz einfach all das findet, was ihn zum Malen inspiriert. Ein solcher Ort ist, wenig verwunderlich, die Marksburg – ein auch im Wortsinn herausragendes Motiv. Andreas Bruchhäuser hat am Mittelrhein mehrere Lieblingsorte, die wiederholt in seinen Pastellen auftauchen: Oberwesel, die Loreley, der Bopparder Hamm, die Festung Ehrenbreitstein, die Inseln Niederwerth und Graswerth oder der Hammerstein – doch die Marksburg nimmt auch hier eine Sonderstellung ein! Wir sehen sie in den unterschiedlichsten Lichtstimmungen, zu verschiedenen Tageszeiten – gerade am frühen Morgen, zu allen vier Jahreszeiten vom stimmungsvollen Frühling bis zum klirrenden Winter. Auch darin zeigt sich wieder, dass der Winter bei Andreas Bruchhäuser eine besondere malerische Bedeutung hat: erst der Schnee auf den Felshängen macht die graphisch anmutenden Strukturen der Natur sichtbar, künstlerisch erlebbar und stimmungsmäßig fühlbar. Wenn man sich die Bilder aus der Nähe anschaut, wird deutlich, dass Andreas Bruchhäuser nicht die Landschaft *abbildet*, sondern aus abstrakten Elementen malerische Umsetzungen *schafft*. Kennzeichnend sind – wie auch bei seinen anderen Rheinlandschaften – das oftmalige Aufleuchten eines Details in den Kompositionen: ein Baum, ein Hang, eine Wiese, ein Wasserreflex oder ein Gebäudeteil der Burg. Die Rheinlandschaften und Nebentäler bilden insgesamt eine passende Kulisse für die malerischen Inszenierungen der einzigarten Marksburg. Ob aus weiter Ferne grüßend, als Randnotiz einer gegliederten Landschaft, als geheimnisvolle Offenbarung über weiß-grauen Nebelbänken oder dominant als strahlender Mittelpunkt der Bildkomposition: die Marksburg umgibt stets eine mystisch-magische Aura – vergleichbar der sagenumwobenen Gralsburg, die geheimnisvoll verborgen und unerreichbar zugleich erscheint.

Dieter Gube

Blick über die Rheinhöhen mit der Marksburg, Pastell 2007

Marksburg über der Philippsburg, Pastell 2007

Rheinpanorama mit Braubach und Rhens, Pastell 2014

Die Marksburg, Pastell 2012

Helle Wolken über der Marksburg, Pastell 2010

Lichtspiegelung bei Braubach, Pastell 2007

Rheinpanorama mit der Marksburg I, Pastell 2011

Rheinpanorama mit der Marksburg II, Pastell 2014

Kirschblüte mit der Marksburg, Pastell 2010

Marksburg im Raureif, Pastell 2013

Die Marksburg im Lichtdunst, Pastell 2015

Rheinglitzern mit der Marksburg, Pastell 2007

Die Marksburg oberhalb von Braubach I, Pastell 2004

Marksburg oberhalb von Braubach II, Pastell 2003

Lahnsteiner Höhe mit Blick auf die Marksburg, Pastell 2014

Blick vom Königsstuhl Richtung Koblenz, Pastell 2009

Schloß Stolzenfels zur Frühlingsblüte, Pastell 2009

Stolzenfels über einer Nebelbank, Pastell 2003

Stolzenfels gegenüber Lahnstein, Pastell 2002

Stolzenfels mit dem gleichnamigen Schloß, Pastell 2015

Blick von Stolzenfels rheinaufwärts, Pastell 2013

Rheinglitzern am Oberlahnsteiner Ufer, Pastell 2003

Rheinfrachter mit Nebelbank, Pastell 2010

Lahnmündung, Pastell 2005

Lahnsteiner Hafen, Pastell 2014

Berg' und Burgen schaun herunter

Berg' und Burgen schaun herunter
In den spiegelhellen Rhein,
Und mein Schiffchen segelt munter,
Rings umglänzt von Sonnenschein.

Ruhig seh ich zu dem Spiele
Goldner Wellen, kraus bewegt:
Still erwachen die Gefühle,
Die ich tief im Busen hegt.

Freundlich grüßend und verheißend
Lockt hinab des Stromes Pracht;
Doch ich kenn ihn, oben gleißend,
Birgt sein Innres Tod und Nacht.

Oben Lust, im Busen Tücken,
Strom, du bist der Liebsten Bild!
Die kann auch so freundlich nicken,
Lächelt auch so fromm und mild.

Heinrich Heine

Johanniskirche gegenüber Stolzenfels, Pastell 2007

Burg Lahneck, Pastell 2013

Burg Lahneck mit Johanniskirche, Pastell 2014

Lahnbrücken mit Burg Lahneck, Pastell 2003

Niederlahnstein, Pastell 2011

Rheinhöhenblick nach Koblenz, Pastell 2015

Blick von Lahnstein zur Karthause, Pastell 2000

Blick von Süden auf die Karthause, Pastell 2008

Panoramablick vom Kühkopf auf Mosel und Rhein, Pastell 2015

Koblenzer Rheinbrücken, Pastell 2008

Koblenz Pfaffendorf mit Horchheimer Höhe, Pastell 2000

Halbinsel Oberwerth, Pastell 2011

Blick auf die Koblenzer Rheinlache, Pastell 2006

Rheinanlagen mit Stadtwald, Pastell 2010

Pfaffendorfer Brücke mit St. Josef, Pastell 2011

Pfaffendorfer Brücke, Pastell 2011

Koblenzer Rheinfront, Pastell 2009

Koblenzer Rheinfront bei Nacht, Pastell 2007

Festung Ehrenbreitstein, Pastell 2009

Koblenz Ehrenbreitstein mit Festung, Pastell 2001

Festung Ehrenbreitstein im Mondlicht, Pastell 2014

Festung und Basilika St. Kastor, Pastell 2005

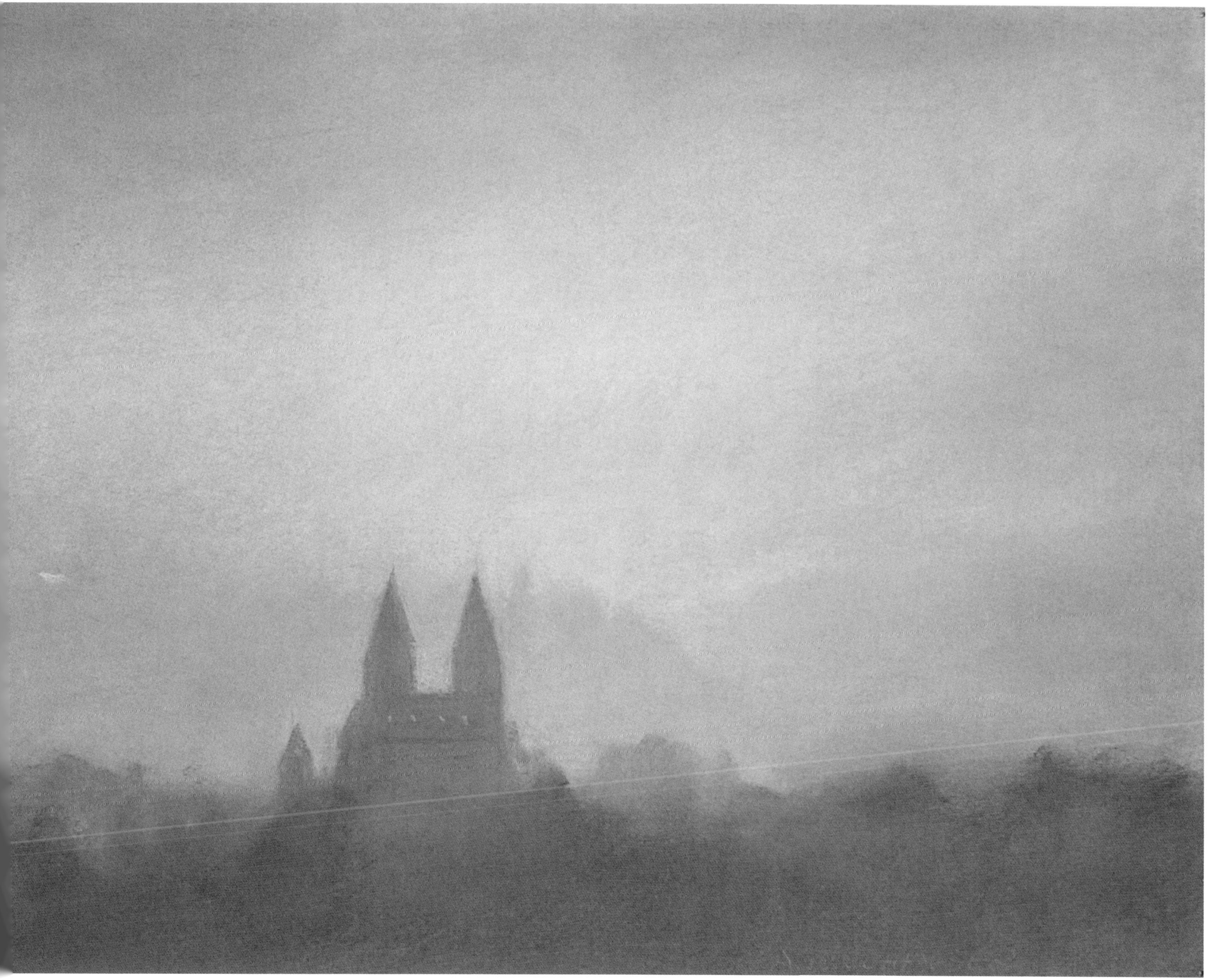

Ehrenbreitstein im Morgenlicht, Pastell 2009

Nebelbank über Ehrenbreitstein, Pastell 1997

Koblenzpanorama mit Moselstaustufe, Pastell 2011

Das Deutsche Eck mit Koblenz-Lützel, Pastell 2012

159

Wo bitte ist das Deutsche Eck?

Wissen Sie, was passiert, wenn Sie diese Frage einem Koblenzer stellen? Ganz einfach, er schickt Sie an die falsche Stelle. Nicht, weil er sich einen Spaß daraus machen will, Sie in die Irre zu führen, sondern weil er es im Zweifelsfall auch nicht besser weiß.

Nun, was macht er? Er schickt Sie natürlich zum ollen Willem, dem Herrn auf dem Gaul, dorthin, wo Vater Rhein und Mutter Mosel sich vereinen. Also zu dem Denkmal, von dem Kurt Tucholsky mal meinte: „Ein Faustschlag aus Stein". Und er (Tucholsky) legte auch noch nach: „Das Ding sah aus wie ein gigantischer Tortenaufsatz ... Eine hübsche Gegend, viel zu hübsch für das steinerne Geklump, für diesen Trumm." (Den Herrn Tucholsky hätte man seinerzeit wohl nicht für den Verein zur Wiedererrichtung des Denkmals gewinnen können, aber ich greife vor – dazu später mehr.)

Sie werden aber nicht nur falsch geschickt, sondern meist wird Ihnen auch noch, ob nun gefragt oder nicht, die ganze Geschichte des Denkmals erzählt, des größten Reiterstandbilds der Welt.

Da die Story mit dem Tod des Wilhelm, also des ersten Wilhelm, im Jahre 1888 beginnt – gut, zu Lebzeiten bekommt man auch selten solche Denkmäler gesetzt, zumal Wilhelm es auch untersagt hatte –, brauchen Sie jetzt etwas Zeit und Geduld. Irgendwie meinte man nach Wilhelms Ableben, man solle dem Herrn doch ein Denkmal setzen. Der zweite Wilhelm, Enkel des Ersten, dazwischen gab es ja noch den todkranken Friedrich III. – erinnere: Drei-Kaiser-Jahr 1888 –, entschied sich dann 1891 für den Standort. Das Problem war nur, man musste den Standort erst einmal herrichten; er existierte eigentlich gar nicht. Mole und Sandbank, beide zusammen bildeten einen kleinen Nothafen, mussten zugeschüttet werden.

Zurück zum Werdegang des Denkmals: Gegönnt hatten die anderen Städte den Koblenzern die ganze Geschichte irgendwie nicht. Zur Erinnerung: Koblenz war seit 1822 Hauptstadt der Rheinprovinz und damit so ‚unbedeutenden' Zentren wie Köln, Düsseldorf und Aachen übergeordnet. Erschwerend kam hinzu, dass die Koblenzer selbst nicht so richtig wussten, wohin mit dem Teil. Offizieller Vorschlag war nämlich vor dem Schloss, also seiner alten Bleibe, in der er mit Augusta ein paar schöne Jahre verlebt hat – schönere wohl als die späteren in Berlin. Dumm nur, dass Oberbürgermeister Emil Schüller höchstselbst äußerst skeptisch ob des vorgeschlagenen Platzes war. Er hatte dann die geniale Idee (daran sieht man, wie man als Oberbürgermeister die Beschlüsse seines Stadtrates ganz elegant – die Betonung liegt hier auf ‚elegant' – unterlaufen kann), unter dem Pseudonym des griechischen Kirchenvaters Irenäus eine Broschüre zu veröffentlichen und dort den Standort am Deutschen Eck ins Spiel zu bringen.

Im Preußischen Provinziallandtag ging es dann höchst streitig zu; schließlich stimmten von den 139 MdLs 54 für einen Standort im Siebengebirge, 53 für Koblenz und 32 für einen Standort am Zusammenfluss von Rhein und Mosel. Doch was nützt die ganze Demokratie, Abstimmung hin, Abstimmung her – Wilhelm II. entschied: Deutsches Eck! Wer's genau wissen will: Verfügung Seiner Majestät vom 16. März 1891. Basta, das war's; und die Oma (wir erinnern uns: Kaiserin Augusta, die der schlichte Koblenzer eh mehr mochte als ihren Göttergatten) wäre sicher auch der Meinung gewesen, dass das der richtige Platz sei, glaubte er jedenfalls.

Wie ging es dann weiter? Im Jahre 1892 wurde der Entwurf der Herren Bruno Schmitz und Emil Hundrieser angenommen. Dass Schmitz den Auftrag erhielt, muss nicht sonderlich wundern. Irgendwie traf er wohl den Geschmack seiner Auftraggeber und zwar nicht nur in Deutschland: siehe *Soldiers' and Sailors' Monument* in Indianapolis. Richtig dicke war er aber dann doch bei uns – also im Reich – im Geschäft. Ich sage nur: Kyffhäuserdenkmal, Westfälisches Provinzialdenkmal für Kaiser Wilhelm I. an der Porta Westfalica, klar, das Koblenzer Denkmal und dann, als die absolute Krönung seines Schaffens: das Völkerschlachtdenkmal in Leipzig. Dieses wurde 1913, hundert Jahre nach der Völkerschlacht fertig. Aber auch ein Schmitz musste noch nacharbeiten. Im Jahr 1894 lieferte er dann die überarbeiteten Entwürfe ab, Majestät war nochmals um 2 m gewachsen und damit nunmehr schlappe 14 m groß. Das Hafenbecken war übrigens bereits in den Monaten Januar und Februar des Jahres 1891 zugeschüttet worden. Im Frühjahr 1896 folgten dann jede Menge Beton (3.400 m^3) und noch mehr Kies (15.000 m^3) für die Fundamentierung, irgendwie musste ja der Kaiser auch sicher an seinem neuen Platz stehen und so weiter. Auf jeden Fall gab's dann am 31. August 1897 die feierliche Einweihung: Hurra, Hurra! Der zweite Wilhelm war dabei, alle Honoratioren und die Koblenzer waren natürlich auch auf den Beinen. Denn die waren damals stolz wie Oskar, hatte man doch das größte Reiterstandbild der Welt!

Das Deutsche Eck im Gegenlicht, Pastell 2011

Also: die Dimensionen sind schon gewaltig, und weil sie so gewaltig sind, muss man sie auch jedem, der in Koblenz Halt macht, erklären. Zumindest war dies eine ideale Gelegenheit, in den ersten Jahrzehnten nach der Errichtung des Denkmals, für einige Jungs aus der naheliegenden Kastorstraße, sich ihr Taschengeld aufzubessern. Sie machten sich an Fremde heran (oder an solche, die wie Fremde aussahen) und fragten: „Herr Sie" (man beachte die besondere Form der Anrede) „darf ich Ihnen das Denkmal erklären?" Und wenn der „Herr Sie" zustimmte, ging's los: „Das Denkmal ist vom Wasserspiegel 44 m hoch, die Reiterfigur 14 m, der Feldherrnstab 2,70 m und die Schuhsohle 1,40 m lang, das entspricht übrigens einer Schuhgröße von 218 (Majestät lebte schon damals auf großem Fuß) und die Figurengruppe wiegt ca. 10 t." (Was der Knabe damals allerdings nicht mit den Worten „Majestät ist völlig hohl!" zu kommentieren wagte. Dabei ist der Grund dafür relativ einfach – getriebenes Kupferblech und drinnen ein Stahlgerüst – er war wirklich hohl!) So ratterte der Koblenzer Junge die Zahlen runter, und wenn der Fremde sich nach der Erklärung des Denkmals nicht geizig zeigte, ging er mit dem Gast auf die Moselseite, dann bekam er eine zusätzliche Information: Der Schweif des Pferdes, auf dem Kaiser Wilhelm I. saß, war so gegossen, dass – aus einem bestimmten Blickwinkel von der Moselseite her betrachtet – an einer Stelle der Innenseite die markante Nase des Franzosenkaisers Napoleon erkannt werden konnte. Der so symbolisierte Napoleon guckte dem Pferd des deutschen Kaisers direkt ‚hinten rein'.

Am 16. März 1945 war es dann aus mit der ganzen Herrlichkeit. Amerikanische Soldaten, von der Eifel runterkommend, auf der anderen Moselseite stehend – gut, wie blind und unfähig muss man eigentlich sein, um den Kaiser nicht zu treffen? – Sie haben getroffen, sauberer Blattschuß. Futsch war er!
Am 18.05.1953 weilte unser erster Bundespräsident in Koblenz und erklärte das Denkmal zum Mahnmal der deutschen Einheit: leerer Sockel, Fahne drauf, fertig. Irgendwie hatten sich die Koblenzer über die Jahre an den Anblick gewöhnt, nicht dass es beeindruckend gewesen wäre, aber es war halt so.

Wir schreiben das Jahr 1987, ein Ehepaar feiert seinen 30. Hochzeitstag und der Herr Gemahl auch noch seinen 60. Geburtstag. In Umkehrung des normalen Verfahrens, man bekommt anlässlich von Hochzeit und Geburtstag jede Menge Geschenke, machten die beiden es anders herum: Sie schenkten etwas, nämlich den Koblenzern den Kaiser, will heißen, sie wollten ihn noch mal neu machen lassen und dann sollte er wieder auf den Sockel kommen. So verkündet bei der Riesenfete der beiden. Alle Welt, na ja, fast alle Welt war begeistert. Nicht begeistert war unter anderem die Landesregierung, von wegen der Widmung des Herrn Bundespräsidenten, Mahnmal der Deutschen Einheit und so weiter. Irgendwie konnte man das ja auch nachvollziehen: Welch politisches Signal! Man rollt die Fahne ein und setzt den alten Preußen-Knaben wieder auf den Sockel. Der Knatsch war vorprogrammiert. Jetzt wurde es höchst politisch. Am 29. Januar 1988 kam offiziell die Ablehnung: Annahme verweigert! Doch dann passierte, was eigentlich überfällig war: 1989 fiel die Mauer! 1990 war Deutschland wieder vereint. Mit anderen Worten, man musste nicht mehr für die Einheit mahnen, man hatte sie jetzt. Im Laufe des Septembers 1990 sah man das in Mainz auch so. Der Weg war frei, die (schwarz-gelbe) Landesregierung erklärte nun die Annahme des Geschenkes. Manchmal könnte alles so wunderbar einfach sein! Aber: Die Rechnung erfolgte ohne den Wirt, in diesem Fall ohne die Wähler. Ein paar Wochen später: Regierungswechsel in Mainz; nun gibt es einen roten Ministerpräsidenten, und der will den Kaiser nicht. Doch irgendwie musste man aus der Nummer herauskommen. Der Gönner drohte mittlerweile mit einer Klage. Schließlich schenkte das Land der Stadt die 16.122 m² große Landspitze, samt Denkmal und 1 Mio. DM zwecks Sanierung des Außengeländes – sollten doch die Koblenzer selbst entscheiden. Am 4. Juni 1992 beschließt der Stadtrat mit 28 zu 26 Stimmen die Annahme des Geschenks, und so steht er seit September 1993 wieder auf seinem alten Platz. Majestät ist übrigens nicht mehr ganz so hohl, er hat gut 50 t zugelegt; es ist ein relativ massiver Zinnbronze-Guss. Da der ganze Kerl jetzt 60 t wiegt, musste man noch etwas für die Statik tun. Das hätte ja auch selten blöd ausgesehen, wenn er mit dem Riesenkran draufgesetzt worden, dann gerade so durchgerutscht wäre und nur noch mit dem Kopf rausgeschaut hätte. Gut, die Denkmalgegner hätten dann ihre Riesenfreude gehabt und die Denkmalbefürworter hätten recht bedröppelt dreingeschaut. Übrigens ist seitdem nichts passiert von wegen Verehrung des Kaisers, Verlust der Demokratie, Wiederbelebung des preußischen Reichsgedanken, Untergang des Abendlandes et cetera, und – von denen, die damals dagegen waren, finden sich auch nicht mehr so fürchterlich viele.

Dies alles wurde niedergeschrieben, um für die Zukunft jedweder Legendenbildung vorzubeugen, obwohl ... Als die Nazis an diesem schönen Platz mal wieder ihre ‚Wacht-am-Rhein-Nummer' abzogen, soll es Wilhelm zu bunt geworden sein; Majestät wurde lebendig und ritt samt Genius einfach davon. Es dauerte Jahrzehnte, bis er wieder zurückkehrte. Okay, heute glaubt das noch keiner, aber lassen wir der Geschichte noch etwas Zeit. Vielleicht erzählt sie in 100 Jahren einer so – oder eben ganz anders.

Haben Sie es gemerkt, die eigentliche Frage ist ja immer noch offen. Wo bitte ist denn nun das Deutsche Eck? Wenn Sie den Text aufmerksam gelesen haben, müssten Sie es nun wissen. Ich erinnere: Der Standort für das Denkmal musste erst geschaffen werden und das ursprüngliche Eck war also wo? Im Prinzip sind Sie wahrscheinlich dran vorbeigelaufen. Das Deutsche Eck ist nämlich viel älter als das Denkmal. Es hat seinen Namen vom Deutschen Orden, welcher ab 1216 in Koblenz Kranke und Verletzte pflegte. Und eines seiner Gebäude steht noch: das Deutschherrenhaus, heute Museum Ludwig. Das Gelände umschließt rhein- und moselseitig eine dicke Mauer, und dort können Sie ein riesiges Deutschordens-Kreuz in der Bruchsteinwand entdecken – voilà: das Deutsche Eck!

Michael Hörter

Das Deutsche Eck an Rhein und Mosel, Pastell 2011

Koblenz an Rhein und Mosel, Pastell 2015

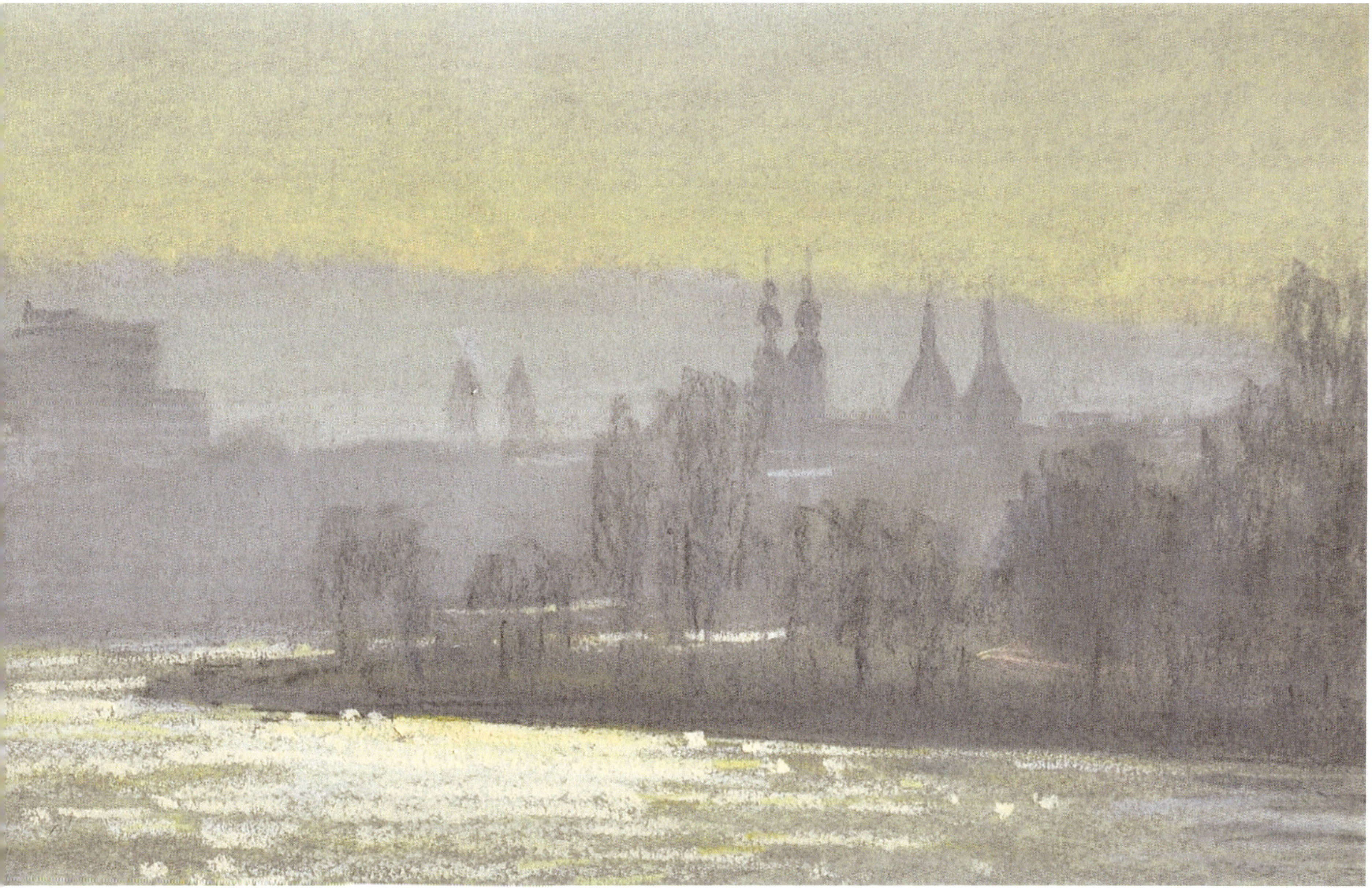

Blick von Insel Niederwerth nach Koblenz, Pastell 2013

Blick auf Koblenz mit Seilbahn, Pastell 2010

Rheinpanorama zwischen Ehrenbreitstein und Neuendorf, Pastell 2002

Der Rhein bei Koblenz, Pastell 2008

Rheinufer von Urbar mit Festungshang, Pastell 2010

Blick über die Festung ins Neuwieder Becken, Pastell 1990

Blick von Niederwerth nach Koblenz, Pastell 2008

Festungshang am rechten Rheinufer, Pastell 2006

Von Niederwerth in Richtung Urbar, Pastell 2015

Klostergut Besselich, Pastell 2007

Insel Niederwerth und Festung Ehrenbeitstein, Pastell 2004

Blick von Weitersburg ins Rheintal, Pastell 2004

Fahrt auf dem Rhein

Wer will mit uns treiben
auf singenden Wellen,
wer will sich verschreiben
dem strudelnden, hellen
Herzen des Rheins?

Wir kommen, zu loben
die Ufer, die bunten,
die Heiligen droben,
die Irdischen drunten,
all Kinder des Rheins.

Von Burg und Kapelle
soll Antwort uns schallen:
Das Kreuz in der Zelle,
der Wein in den Hallen
zum Gruße geeint.

Wer will mit uns treiben
auf singenden Wellen,
wer will sich verschreiben
dem strudelnden, hellen
Herzen des Rheins?

Stefan Andres

Rheinschleife bei Vallendar I, Pastell 2005

Rheinschleife bei Vallendar II, Pastell 2008

Die Inseln Niederwerth und Graswerth, Pastell 1997

Uferpartien in Vallendar, Pastell 2008

Die Brücke nach Niederwerth, Pastell 2009

Rheinseitenarm bei Vallendar, Pastell 2005

Insel Niederwerth mit Weitersburg, Pastell 2010

Aufsteigender Nebel mit Insel Niederwerth, Pastell 2011

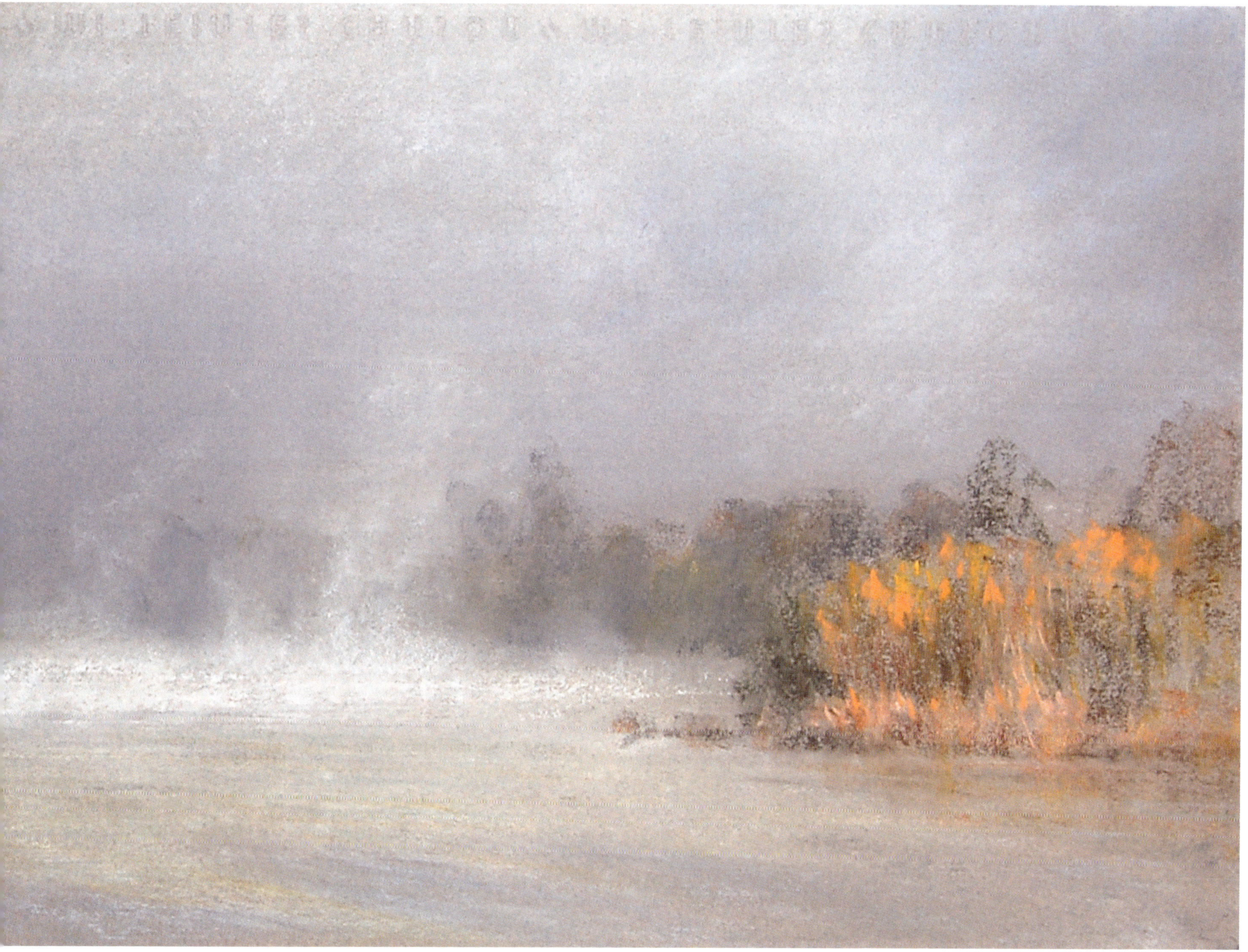

Baumreihe auf der Insel Niederwerth, Pastell 2012

Nebelbank über Niederwerth, Pastell 2011

Rheinglitzern bei Niederwerth, Pastell 2009

Blick von der Vallendarer Höhe ins Neuwieder Becken, Pastell 2012

Industriegebiet in Wallersheim, Pastell 2007

Industriegebiet im Koblenz-Neuwieder Becken, Pastell 2014

193

Sonnenuntergang über Kesselheim, Pastell 2008

Blick über Bubenheimer Felder, Pastell 2005

Der Rhein bei der Insel Graswerth, Pastell 2012

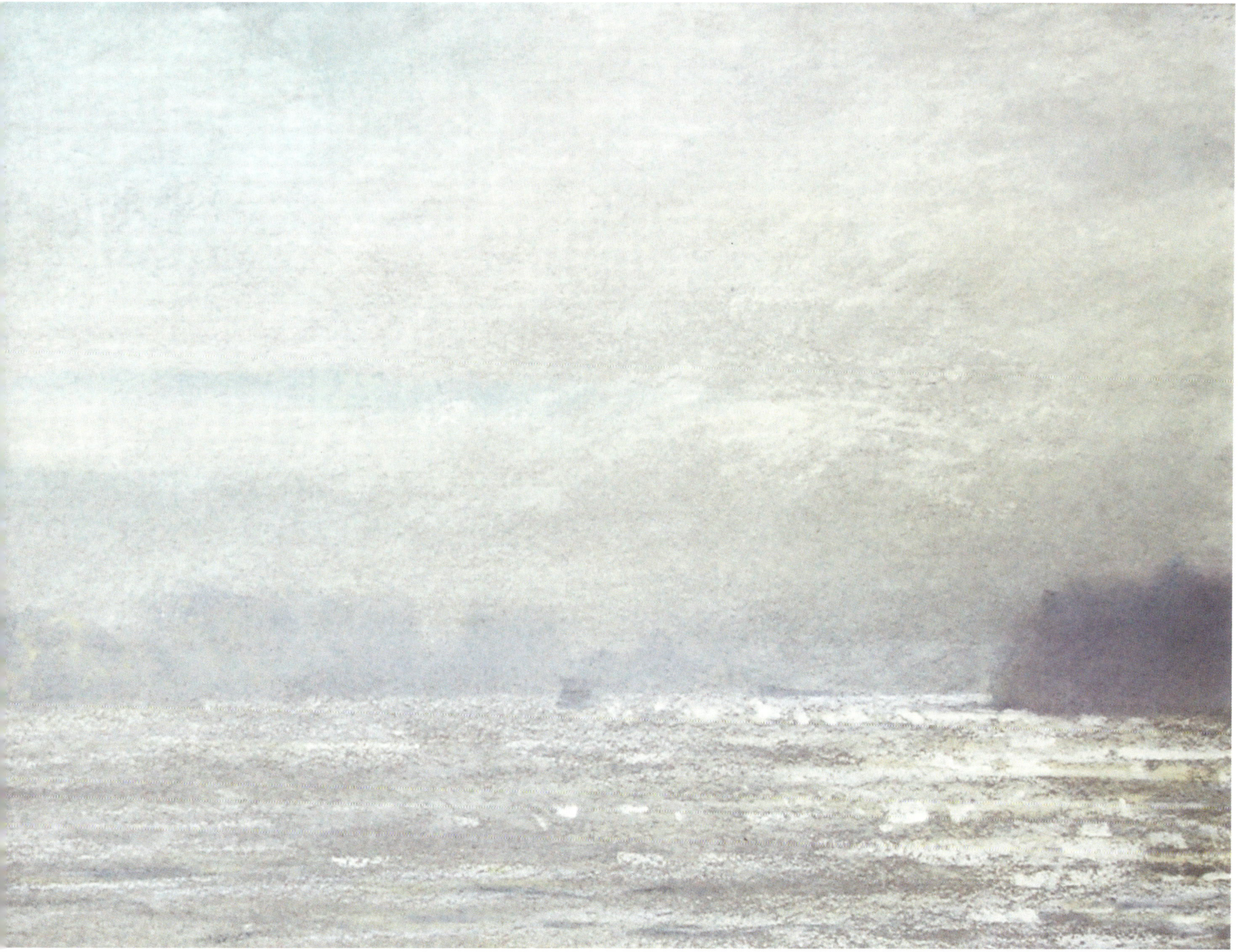

Inselspitze von Graswerth, Pastell 2004

Der Rhein zwischen Kesselheim und Bendorf, Pastell 2005

Blick von der Weitersburger Höhe, Pastell 1995

Bendorf im Neuwieder Becken, Pastell 2013

Rheinbogen bei Bendorf, Pastell 1998

Bendorfer Autobahnbrücke, Pastell 2010

Autobahnbrücke und Insel Graswerth, Pastell 2002

Sachliche Rheinromantik

In Peter Handkes erzählender Prosa *Mein Jahr in der Niemandsbucht* gibt es ein paar reflektierende Passagen, die mir das malerische Programm zu fassen vermögen, mit dem man die thematisch einschlägigen Landschaftsbilder Andreas Bruchhäusers auf den Begriff bringen kann.

„Die Erde ist längst entdeckt. Aber immer noch werde ich dessen inne, was ich für mich *Die neue Welt* nenne. Es ist das herrlichste Erlebnis, das ich mir vorstellen kann. Gewöhnlich ereignet es sich nur für den Funken eines Augenblicks und flimmert dann vielleicht eine Zeitlang nach. Ich habe dabei keine Gesichter und keine Erscheinungen. (In mir ist ein Mißtrauen gegen all die ohne Not Erleuchteten.) Es ist das Alltägliche, das ich als die neue Welt sehe."[1]

Es ist aber immer die heutige Welt, die moderne (nicht eine sehnsuchtsvoll ins Zurückliegende projizierte), die von Handke verklärt ein neues Gesicht erhalten soll. In der Jetztzeit erschließt sich das Abwesende vergangener Zeiten; im lyrisch gestimmten, weltoffenen und pathisch wahrnehmenden Subjekt. In einem Vorort von Paris reflektiert das Erzähler-Ich der *Niemandsbucht* die Einwände, die gegen dieses Programm der neuerlichen Verzauberung einer restlos entzauberten Welt vorgebracht werden könnten: „Nichts verständlicher, als endgültig aufgeben, mit der Feststellung, in diesem Land, gelichtet von der Aufklärung, zusammengestutzt von der Vernunft, durchgeplant und vereinheitlicht von der Grammatik, sei kein Platz für einen Wald; die unveränderten Geräusche der Zivilisation, der Autos, der Eisenbahnen, der Hubschrauber in dem Restwald scheinen das zu bestätigen."

Aber im Weitergehen scheint es dem Erzähler, als ob er „zwischen den Bäumen wie nur je den großen Wald spürte. Im Abbiegen, einmal und noch einmal, gab eine Tür nach, und wo ich mich danach um Stunden bewegte, war nichts mehr als Wald, oder Waldung."[2]

Wie gerät man wieder in diesen Wald, der schon nicht mehr existiert, wie kann man die omnipräsenten Spuren der Zivilisation hinter sich lassen, um die Welt neu zu sehen, ihr überhaupt im Anschauen erst wieder zur Wirksamkeit, ja zur ‚Wirklichkeit' zu verhelfen? Handkes Antwort scheint die einzig zulässige zu sein: Indem man ihn dort sucht, wo er bereits verschwunden ist – im Niemandsland zwischen Natur- und Kulturraum, in dem gerade die Störungen des Idylls präsent sind. Dieses Niemandsland – keine imaginäre Bucht, in der Handke selbst, nicht nur sein Erzähler, seit Jahrzehnten nun schon lebt – entdeckt und erlebt Bruchhäuser am Rhein; das macht sein Konzept einer *Sachlichen Rheinromantik* aus.

Auch zur Erfahrung des ‚Sentimentalen' gehört es, den Verlust des Naturbezugs nicht durch ein einfaches Zurück aufheben zu können. Selbst Rousseau hat den Prozess der Zivilisation nicht durch Umkehrungen korrigieren wollen. Das Ideal ist vielmehr eine Kultur, die der Natur im Menschen und um ihn Raum gibt.[3] Der Sentimentale[4] weiß deshalb auch, dass die ihm naturhaft erscheinende Landschaft eine durch Kultur geprägte ist. Die Idee des Landschaftsgartens – in England, später in Deutschland gegen die barocke Geometrie höfischer Repräsentation gerichtet – ist ein direkter Reflex dieser Einsicht.[5] Ganz wörtlich bedeutet Kultur ja zunächst Ackerbau (cultura),[6] aber auch die Nutzbarmachung und Ausbeutung der Erde, etwa in der Gewinnung von Bodenschätzen. Der Sentimentale weiß zudem, dass er nur in der Erfahrung der Differenz zum bäuerlichen Leben etwa in der Lage ist, sein weitgehend selbstbestimmtes Leben als Künstler zu führen. Das charakterisiert noch die modernen Künstlerkolonien wie etwa diejenige von Worpswede.[7] Da ist kein haltloser Wunsch nach Diffundierung in den Naturraum: auch wenn man zuweilen dem Verlangen nach Entgrenzung gern nachgibt.

Wie bei Schiller ist der moderne Mensch nicht mehr naiv aufgehoben im Einklang mit der Natur, sondern als Kulturschaffender ‚sentimentalisch' eingespannt zwischen dem Ideal, das bereits Rousseau wollte, und dem Rückbezug auf das Naive, der ungebrochen kaum mehr möglich ist.[8] Auch für die Romantik war die Trennungserfahrung Voraussetzung der neuerlichen Naturzuwendung, die man aber als Kulturgeste verstehen muss. Es ging ihr bereits um Syntheseleistungen, um dem Verlorenen noch habhaft werden zu können.

Die heutige Zeit indes – und das spiegelt Handkes kleine Einlassung recht gut – traut der Synthese nicht, ja kann sie auch im Bruch nicht mehr überwinden.

Das war noch das Konzept bei Heinrich Heine. Adorno beschreibt in seinem Essay *Die Wunde Heine* genau das überschießende Moment,[9] das den Dichter der *Loreley* doch wieder in einen kritischen Utopisten verwandelt. Heine wollte ja nicht den Felsen mythisch verklären, sondern die Verklärung selbst problematisieren. Das ist seine kritische Interpretation der Romantiker, die ihn dennoch, im Bewusstsein der Nachgeborenen, zum vielleicht wirkungsmächtigsten Repräsentanten dieser Epoche hat werden lassen. Nicht umsonst ist sein *Buch der Lieder* ein enormer Verkaufserfolg geworden.[10]

Was der Bruch bei Heine leistet, fängt die Gegenwart mit dem Gestus des Sachlichen auf, der zugleich wieder entrückt, verzaubert wird. Man könnte beide Bewegungen fast für identisch halten – aber sie sind es nicht. Erich Kästner hat das vielleicht am klarsten ausdrücken können mit seinem gleichfalls wirkungsmächtigen Gedicht der *Sachlichen Romanze*.[11] Der Bruch ist hier zum Oxymoron gesteigert – zur rhetorischen Figur eines inhärierenden Widerspruchs – und dennoch, zugleich, wird die sentimentale Regung wieder zugelassen: als sachliche. Fast wie in der Ironie, wo alles Kritisierte weiterwirken darf, weil es in der ironischen Wendung nicht aufhört zu existieren, weil es mitgeführt wird in der Kritik,[12] ist man angerührt von diesem Paar, das sich in der Versachlichung der Liebesbeziehung verloren hat – und wiederhaben möchte, aber nicht mehr finden kann.

Das eben macht auch den Unterschied aus zwischen den Bildern der antizipierenden und der genuinen Rheinromantik, die man von dem Niederländer Herman Saftleven über die beiden Christian Georg Schütz, Franz Hochecker, Franz Schütz, über Johann Caspar Schneider und Georg Schneider bis auf den grandiosen William Turner und seinen englischen Maler-Kollegen George Clarkson Stanfield, ja selbst noch bis zu Peter Becker verfolgen kann[13] – und den Pastellen und Ölgemälden Bruchhäusers. Dort steht immer noch die Idee des neuerlich gefundenen Arkadien im Hintergrund, ein paradiesischer Zustand, in dem die Kulturlandschaft wie das Natürlichste erscheinen darf – was sie aber, naturgemäß, nicht sein kann. Die Hänge und Terrassen, überkrönt von den mythisch umwölkten Burgen vergangener Jahrhunderte, bieten sich dar als Einklang zwischen Nutzen, Gestalten und Belassen. Sie erst machen die eigenwillige Atmosphäre und Stimmung aus, die man am Rhein immer meint erleben zu können. Das war schon der Tenor der frühromantischen *Mahlerischen Rheinreise von Speyer bis Düsseldorf* des Abbate de Bertola, die 1796 in einer deutschen Fassung erschienen ist.[14] Das harmonische und kontrastive, zuweilen dramatische Zusammenspiel von Fluss und Gebirge, Schlössern und Weinhängen, Felsenformationen, Höhlen und Waldungen ergibt ein Ganzes, das vor allem als Schönheit gefällt, aber mit seinen „drohenden Klüfte[n]" auch schon in der Lage ist, „einen romantischen Effekt" zu produzieren, der „das Gemüth auf das innigste erschüttert".[15] Diesen Umschlag ins Schreckliche und Erhabene, der auch die *Loreley* Heines auszeichnet, beschreibt Heinrich von Kleist genauer: „der schönste Landstrich von Deutschland, an welchem unser größter Gärtner sichtbar con amore gearbeitet hat, sind die Ufer des Rheins von Mainz bis Koblenz [...]. Das ist eine Gegend wie ein Dichtertraum, und die üppigste Phantasie kann nichts Schöneres erdenken, als dieses Tal, das sich bald öffnet, bald schließt, bald blüht, bald öde ist, bald lacht, bald schreckt."[16]

Der Umschwung ins Öde und Schreckliche intensiviert das Gefühl – wie in der Erfahrung des Erhabenen –, weil darin ein Wechsel vom nur Schönen zu einem Gefühl der Unlust angelegt ist.[17] Aber hier und heute muss das Oxymoron immer mitgedacht und mit artikuliert werden – wie bei Handke in seiner *Niemandsbucht*. Eben das macht Bruchhäuser. Und er bewahrt darin, was von den Romantikern in unsere Tage zu retten ist. Die Ruinen des Mittelalters sind dann so zufällig im Bild wie die Industriebrache der Zementwerke: oder das AKW Mühlheim-Kärlich, das – ebenfalls eine Ruine – das ganze Neuwieder Becken verschandelt hat auf Jahrzehnte hinaus. Bruchhäuser löst den Widerspruch auf über die Inszenierung des Lichts, über die eigenwillige Situation eines geglückten Augenblicks, die Besonderheit eines wirkenden Bildes. Das erscheint: plötzlich und schwer zu fixieren. Aber seine Kunst versteht es, das Besondere dieses Momentes aufzubewahren für uns als Betrachter.

Damit wird der Rhein neuerlich verklärt – aber eben nicht als Ideal präsentiert. Wir sehen ja die ungeschlachte Rheinbrücke, die den Bildraum durchschneidet – mit der ganzen Brutalität ihrer verkehrstechnischen Bestimmung, die keinen ästhetischen Nebenwert mehr duldet. Aber sie wird uns präsentiert durch den anderen Blick. Sie wird unterworfen in der landschaftlichen Stimmung, die wir empfinden, wenn wir uns dem Mittelrhein nähern, wenn wir uns in ihm bewegen. Auch sie darf dann wirken wie die *Neue Welt*, die Handke beschwört. Sie ist Teil der Atmosphäre, statt sie (nur) zu zerstören.

Don Quijote lebte in der anderen, falschen Welt und wurde dadurch zum tragikomischen Helden der Verkennung, statt sich den Gegebenheiten zu stellen. Eben das tut die Sachliche Rheinromantik nicht. Sie belebt nicht die Fiktion alter Rittergeschlechter, glaubt nicht mehr an den harmonischen Ausgleich oder die dramatische Steigerung von Natur- und Kulturraum, sondern inszeniert den Bruch – als unaufhebbaren (darin anders als Heine) und bettet ihn zugleich ein in das Licht der Wahrnehmung, in die Wirklichkeit der Bilder.

Der besondere Zustand, in den sich der Wahrnehmende versetzt, der die Bildwirkung erfahren will, hält gerade vom ‚Alltag' als Alltag fern, indem er ihn überhöht zum Erfahrungsraum des Wirklichen. Der Alltag kann sich nie selbst transparent sein; in der Bildwirklichkeit aber erscheint er so. Die Bewusstwerdung der Wahrnehmung trennt genau von den Automatismen des unreflektierten Lebensprozesses. In der Anschauung des Bildes erst wird es ein ‚Wirkliches'. Der geschulte Blick auf die kleinen Dinge unserer Lebenswelt – so wichtig er bereits als Korrektiv gegen die Uniformität der Perzeption ist – stellt als vermittelter aber das Beobachtete in den Raum der Kunst ein. Es ist ein ästhetischer Blick, der den Alltag zum Leuchten bringt. Leider leuchtet der Alltag als Alltag nicht. Man braucht einen ganz weltlichen Zauberer, einen Handke oder einen Wenders oder einen Bruchhäuser, man braucht, anders gesagt, Kulturindustrie, um die Transformation des Gelebten ins Erlebte sichtbar werden zu lassen. Das nur Gelebte – der Alltag als Alltag – hat keine Dauer; es vergeht.

Der Alltag als Kunst im Sinne einer *Sachlichen Rheinromantik* schaut sich in seinem Alltäglichsein zu. Der Blick, den uns Bruchhäuser in seinen Bildern ermöglicht, reflektiert die Banalität und hebt uns dadurch schon aus der reinen Vergänglichkeit des nur Gelebten empor. Die Bilderschau verwandelt, anders gesagt, den Alltag in Kunst. Damit aber versetzen *Bilder* den Betrachter in einen dem Alltag diametral entgegengesetzten Zustand. „Licht der Langsamkeit, Augenlicht" notiert Handke kryptisch in *Gestern unterwegs*.[18] Im Alltag hat das Augenlicht selten die Chance, sich die Langsamkeiten eines Dichters zu gönnen. Die Langsamkeit „strahlt" – und sie „läßt strahlen".[19] Das wäre seine Schule der *Wirk*lichkeit, der *wirkenden* Bilder – aus dem und gegen den Bildverlust.[20] Und eben dies ist das Programm einer *Sachlichen Rheinromantik*, wie sie uns in den Landschaftsgemälden und -pastellen des Andreas Bruchhäuser begegnet.

Heinz-Peter Preußer

Autobahnbrücke und St. Sebastian, Pastell 2003

Felder zwischen Engers und Bendorf mit Burg Sayn, Pastell 2000

Schloß Sayn, Pastell 2016

Trauerweiden am Rheinufer bei Engers, Pastell 1995

Engers und Weitersburg, Pastell 2002

Der Rhein bei Kaltenengers, Pastell 1999

Eisenbahnbrücke bei Urmitz, Pastell 1995

Nebelbank bei Urmitz, Pastell 2003

Blick ins Neuwieder Becken, Pastell 1998

Heimbach-Weis, Pastell 2013

Abtei Rommersdorf im Neuwieder Becken I, Pastell 2002

Abtei Rommersdorf im Neuwieder Becken II, Pastell 2012

Rapsfelder bei Kettig, Pastell 2012

Neuwieder Becken, Pastell 2012

Neuwieder Brücke, Pastell 2005

Weißenthurm, Pastell 2005

Am Neuwieder Schlosspark, Pastell 2005

Rheinschleife bei Neuwied, Pastell 2012

Rheinufer vor Andernach, Pastell 2013

Mälzerei Andernach, Pastell 1996

Nachthimmel über Feldkirchen, Pastell 2012

Blick von Segendorf nach Andernach, Pastell 2013

Andernacher Kranenberg, Pastell 2010

Blick auf Andernach, Pastell 2011

Zwischen Andernach und Leutesdorf, Pastell 2015

Rhein

Zu des Rheins gestreckten Hügeln,
Hochgesegneten Gebreiten,
Auen, die den Fluß bespiegeln,
Weingeschmückten Landesweiten
Möget mit Gedankenflügeln
Ihr den treuen Freund begleiten.

Was ich dort gelebt, genossen,
Was mir all dorther entsprossen,
Welche Freude, welche Kenntnis,
Wär ein allzulang Geständnis.
Mög es jeden so erfreuen,
Die Erfahrenen, die Neuen!

Johann Wolfgang von Goethe

Rheintal bei Leutesdorf, Pastell 2016

Kaltwassergeysir bei Namedy I, Pastell 2009

Kaltwassergeysir bei Namedy II, Pastell 2009

Namedyer Werth, Pastell 2007

Weinhänge bei Leutesdorf, Pastell 1995

Hammersteiner Werth, Pastell 2006

Hammerstein, Pastell 2013

Wolkengebirge über Hammerstein, Pastell 2016

Vom Rheinbrohler Ley zum Hammerstein, Pastell 2016

Damm zum Hammersteiner Werth, Pastell 2009

Uferlandschaft bei Hammerstein, Pastell 2016

Hammerstein und Rheininsel, Pastell 2009

Zwischen Brohl und Rheinbrohl, Pastell 2006

Träumerei

Manchmal schwindelt mir
vor strömendem Wasser.
Robert Schumann
würde mich verstehn.
Ich kannte einige, die
darin verschwanden.
Ich bin wasserscheu
und vermeide das Wort
vom nassen Tod.
Ein bißchen Waschzwang
kommt mir zu Hilfe.
Ich kann die Hände
nicht oft genug baden.
Dies genügt.
Schon rauscht es verdächtig.
Die Überschwemmung der Augen
ist ein gelindes Ertrinken.

Karl Krolow

Namedyer Tal und Brohl, Pastell 2009

Rheintal vor Brohl, Pastell 2015

Bad Hönningen, Pastell 2011

Brohler Hafen und Burg Rheineck, Pastell 2015

Burg Rheineck, Pastell 2001

Der Rhein bei Bad Breisig, Pastell 2007

Goldene Aue bei Sinzig, Pastell 2000

Sinzig mit dem Erpeler Ley, Pastell 2000

Blick vom Linzer Rheinufer, Pastell 2000

Apollinariskirche über Remagen, Pastell 2014

Schloß Marienfels bei Remagen, Pastell 2013

Rheinufer von Unkel, Pastell 2003

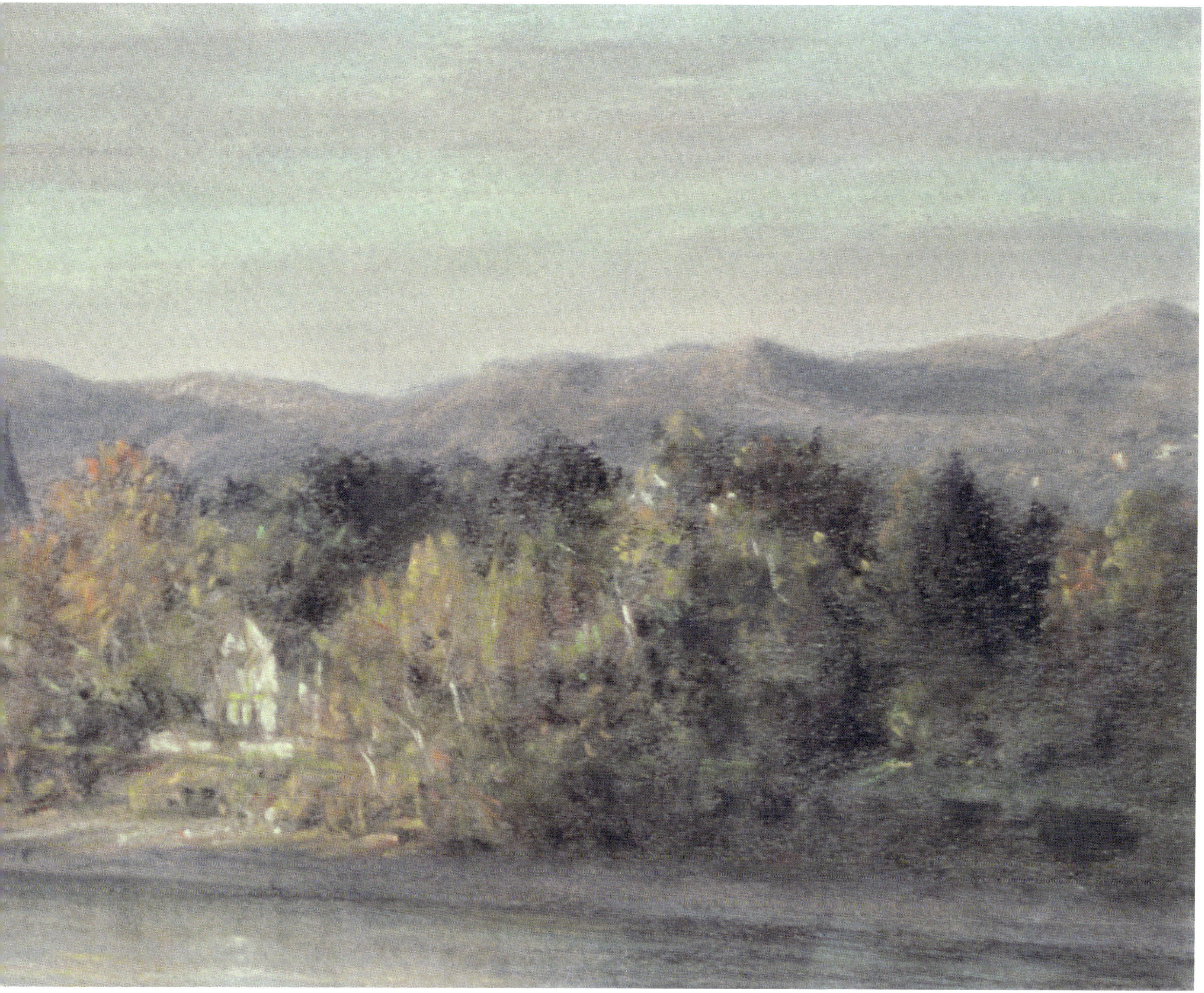

Der Rolandsbogen und Nonnenwerth, Pastell 2007

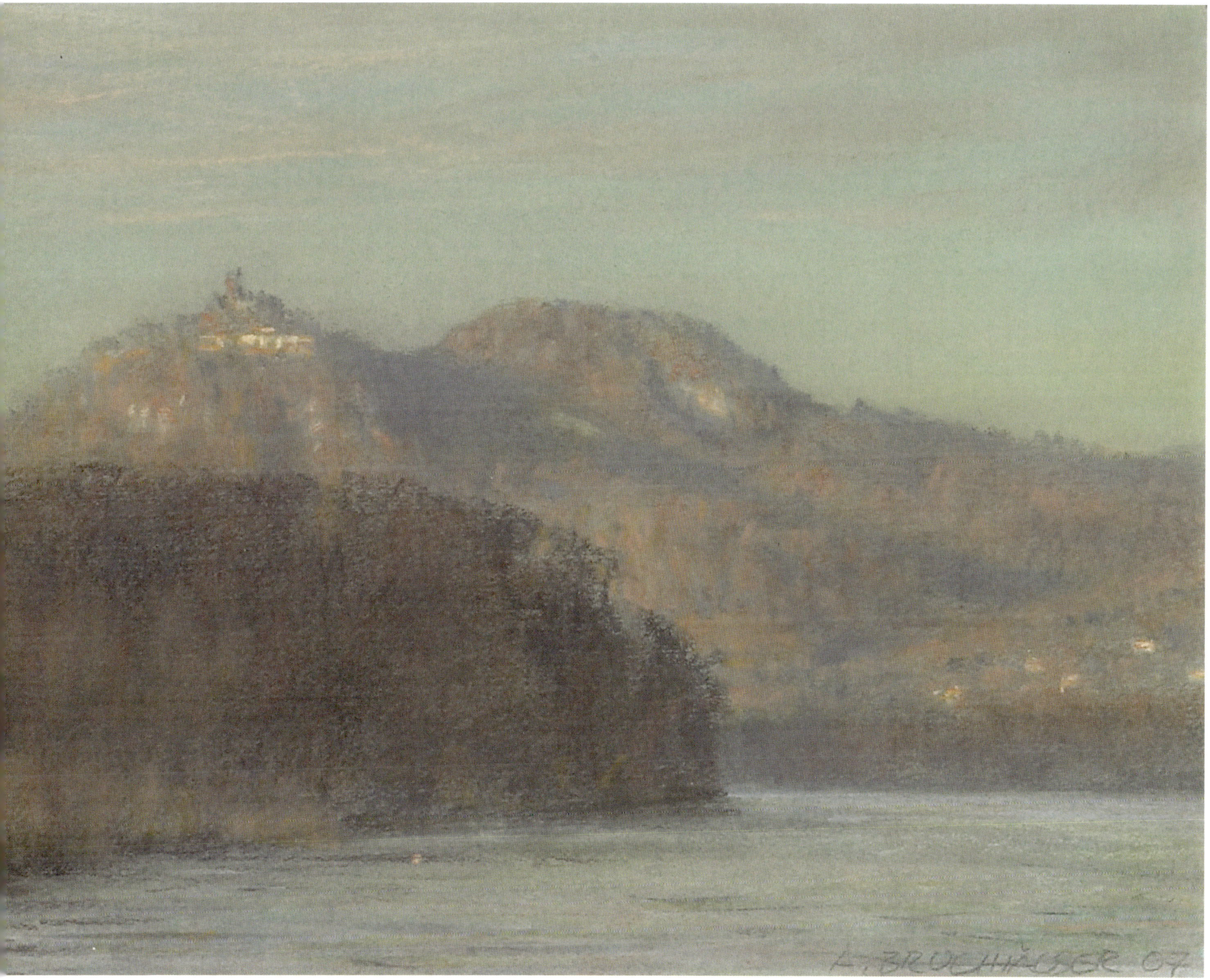
A. BRUCHHÄUSER 07

Roland – die Sage und der Bogen, kläglicher Rest der Burg Rolandseck

Fangen wir zuerst mit der Rolandssage an; die ist allerdings vom Stoff her jetzt nicht so sensationell neu. Man kennt die Nummer: Edler Recke lernt tugendhafte Jungfrau kennen. Große Liebe; dann muss er in den Krieg (gegen die Sarazenen) ziehen. Die Nachricht, er sei gefallen, bricht dem armen Mädel das Herz. Üblicherweise gibt es nun zwei denkbare Reaktionsmuster: der Selbstmord, am besten als Sturz aus großer Höhe oder: das Kloster, um dem Leben auf diese Weise abzuschwören. In unserem Fall ist es das Kloster. Und es kommt, wie es kommen muss. Unser Guter ist gar nicht tot: klassische Fehlmeldung. Zu seinem Pech ist die Geschichte mit seiner Angebeteten zu Ende, bevor sie richtig begonnen hat. Hildegunde weilt, allem Weltlichen entrückt, im Kloster auf Nonnenwerth. Um doch in ihrer Nähe zu sein, errichtet der Recke Roland gegenüber der Klosterinsel auf einem Felsen dann Burg Rolandseck. Eine Story ohne Happy End. Und wenn sie nicht gestorben sind, so warten sie noch immer sehnsüchtig ... Das ist sie, die höchst sentimental-melancholische Liebesgeschichte von Roland und Hildegunde.

Was bei der Lektüre den interessierten Leser verwundert: Die Person des Roland wird als Graf von Angers bezeichnet und, jetzt wird es richtig konkret, er soll ein Neffe Karls des Großen sein. Kein Zweifel: Karl der Große, den hat es nun wirklich gegeben. Und sein Freund, der gelehrte Einhard, schrieb knapp zwanzig Jahre nach dem Tod des großen Karls alles auf, was es so zu berichten gab; das Buch heißt: *Vita Karoli Magni*. Dort berichtet er auch von einem kaiserlichen Heerzug nach Spanien gegen die Araber. Auf dem Rückmarsch durch die Pyrenäen haben dann die Basken – die waren damals schon nicht brav – die ungeschützte Nachhut angegriffen. Karls Truppe wird „bis auf den letzten Mann niedergemacht". Unter den fränkischen Edlen, die den Überfall nicht überlebten, gab es laut Einhard auch einen *Hruodlandus Brittannici limitis praefectus*, einen *Markgraf Roland von Bretagne*. Das wäre jetzt unser Roland! Und da man aus anderen Quellen auch den Tag des Gemetzels kennt, 15. August 778, kennen wir sogar sein Todesdatum. Sonst aber erfahren wir nichts, rein gar nichts über unseren Roland.

Lassen wir ihn dann doch schwer verwundet überlebt haben und an den Rhein zurückkehren. Und jetzt? Auf Nonnenwerth weilt seine große Liebe; und er erbaut Rolandseck? Das alles wohl kaum, denn nicht Roland, der edle Recke, sondern der Kölner Erzbischof Friedrich I. ließ um 1122 auf dem Felsen eine Anlage errichten, die nie aus viel mehr als einem Burghaus bestanden haben dürfte. Nochmals zur Klarstellung: um das Jahr 1122! Der Tod Rolands datiert auf 778; nach Adam Riese liegen 344 Jahre dazwischen. Sicher ist auch: Den Erzbischof Friedrich gab es; er regierte (wen wundert das jetzt?) zur richtigen Zeit, von 1100 bis 1131, und war ein Schwarzenburg. Vater und Mutter sind bekannt, sein Geburtsjahr auch in etwa (um 1075). Und noch etwas: Die Insel Nonnenwerth gab es sicherlich, aber erst im Jahr 1126 zogen hier die ersten Benediktinerinnen unter der Äbtissin Alveradis ins neu und erstmals errichtete Kloster ein. Also kann Einhards Roland nichts mit dem Rolandseck zu tun gehabt haben.

Interessant: Etwa zur gleichen Zeit, als der Kölner Erzbischof Rolandseck erbauen ließ, entstand in Frankreich eine große Dichtung in altfranzösischer Sprache, die *Chanson de Roland*, das *Rolandslied*. Nachtigall, ick hör dir trapsen! Bei unseren Nachbarn war die Erinnerung an den Markgrafen der Bretagne erhalten geblieben, und um seine Figur rankten sich die tollsten Stories. Auch das Gemetzel, das Einhard beschrieb, hatte stattgefunden: nur diesmal war's gleich eine gigantische Schlacht, in der 400.000 Heiden Rolands Nachhut überfallen. Hier findet sich dann auch die berühmte Szene, in der Roland mit letzter Kraft in sein Horn *Olifant* bläst, um Kaiser Karl zu Hilfe zu rufen. Der große Vorteil dieser Geschichte ist, dass Rolands legendäres Horn *Olifant* im Museum der Kathedrale von Santiago de Compostela aufbewahrt wird – und jeder dies überprüfen kann.

Warum gewinnt man mittlerweile den Eindruck, vor lauter Bäumen den Wald nicht mehr zu sehen? Unter den vielen weiteren Mitspielern tut sich noch einer ganz besonders hervor: Ferdinand Freiligrath. Es ist sein Verdienst, den Rolandsbogen und die Rolandssage endgültig bekannt und berühmt gemacht zu haben. Er residierte von 1839 bis 1841 in Unkel und musste dort erleben, wie in der stürmischen Nacht vom 28. auf den 29. Dezember 1839 der Rolandsbogen einstürzte und mit ihm einer der Gedenkorte der schönsten und innigsten Sage des Rheines verschwand. Er sammelte Geld für die Wiedererrichtung, veröffentliche Zeitungsartikel und begründete in einem Gedicht, warum „Rolands graue Zinne" gerettet werden muss. Es ist nämlich nicht das Bauwerk als solches, was erhalten werden soll: Erst in der Verbindung mit der Sage gewinnt es seinen Wert. Freiligrath: „Es sind ja nicht die Steine, es ist ja nicht der Kalk und der Trass: die gerettete Form des Bogens, die Fensterbrüstung, die herabsieht auf Nonnenwerth – sie sind es, die die Sage festhalten, die den Rahmen bilden für die bleiche, trauernde Gestalt, die den Ort geheiligt hat."

Und warum nun die ganzen Sagen? Seitdem der Rhein ein beliebtes Reiseziel des In- und Auslandes wurde, brauchte man auch die Geschichten, Sagen und Mythen. Und wo die Volkserzählungen nicht mehr reichten, haben unsere Dichter nachgeholfen. Brentano war mit seinem *Rheinmärchen* derjenige, der als erster der Loreley ihre populäre Gestalt gab.

Was wäre der Mittelrhein ohne seine Sagen und Märchen? Auch wenn der größte Teil nur aus der Feder der Brentanos, Uhlands, Heines – und wie sie alle heißen – stammt?

Michael Hörter

Insel Nonnenwerth mit dem Rolandsbogen, Pastell 2016

Der Rhein zwischen Bad Honnef und Rolandsbogen, Pastell 2014

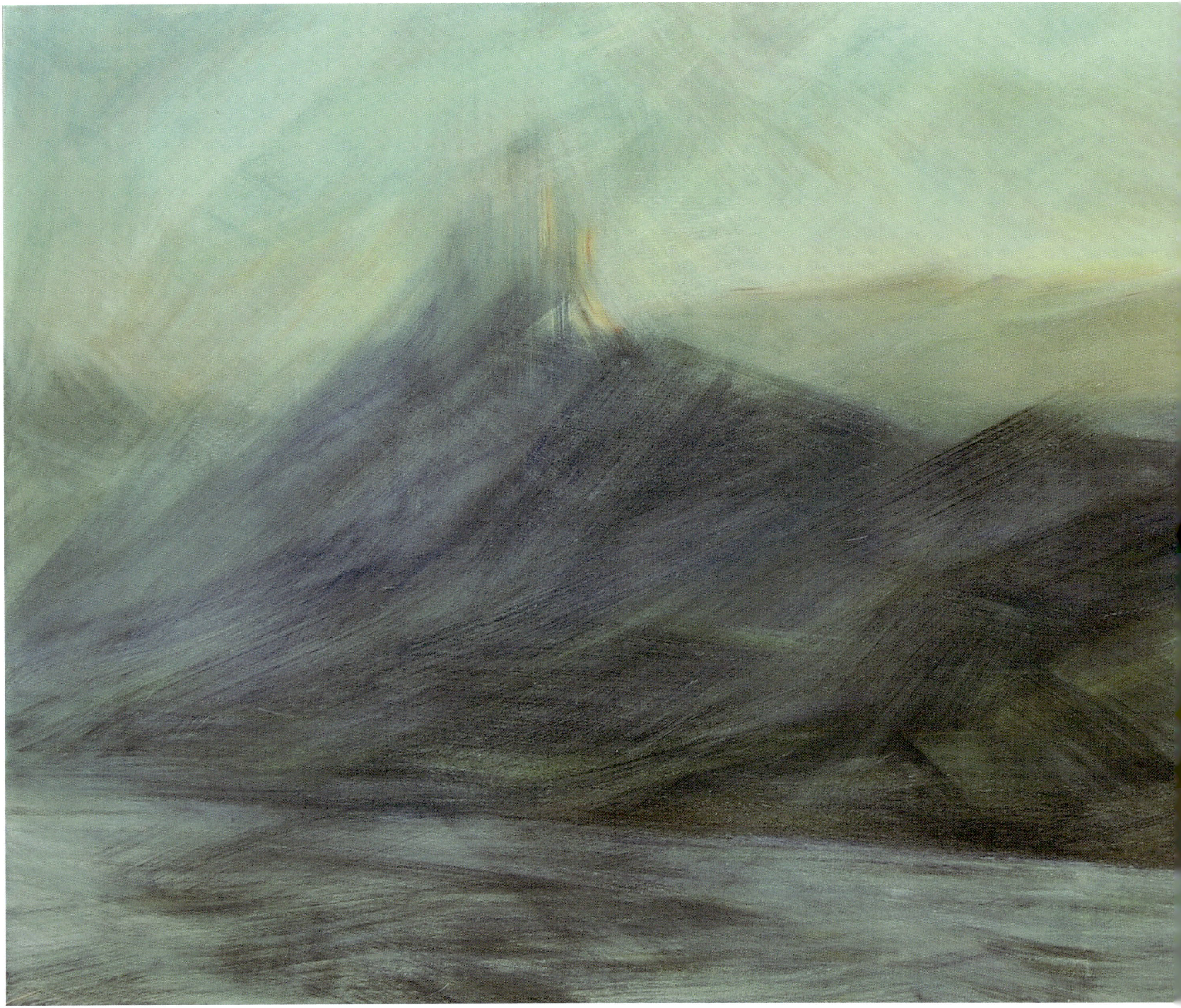

Imaginäre Rheinburg, Öl-Acryl 2008

Biografisches

Andreas Bruchhäuser, 1962 geb. in Österreich und ab 1965 aufgewachsen in Deutschland/Westerwald, begann 1981 ein Kunststudium an der Städelschule in Frankfurt bei Prof. Bayrle und wechselte 1982 an die Kunstakademie Düsseldorf zur Klasse von Prof. Rissa.

Das *Informel* ihres Mannes K. O. Götz prägte seine Bildsprache hauptsächlich in der figürlichen Malerei. Im Verweben von Vordergrund und abstraktem Hintergrund zu einem einzigen malerischen Akt, bei gleichzeitiger Wahrung des Plastisch-Gegenständlichen, gewinnt seine Malerei, vor allem im Portrait, einen singulären Rang.

Ebenso unverwechselbar und eigen sind seine Landschaften, wenngleich durch eine andere formale Umsetzung. Meist in Pastell vor der Natur ausgeführt, lässt Bruchhäuser das Gewohnte wie lichtdurchflutete *Anderswelten* erscheinen. Bevorzugtes Sujet ist der Rhein, was ihm das Attribut eingebracht hat, „*der* Maler der zeitgenössischen Rheinromantik" zu sein (Gisela Götz, Arp-Museum Rolandseck).

Von Bruchhäuser erschienen zum Thema außerdem zwei weitere Bücher:

- Renate Kissel, Ulrich Triep: *Zu Gast am Romantischen Rhein. Eine kulinarische Entdeckungsreise von Bonn bis Mainz*. Mit Bildern von Andreas Bruchhäuser. Bonn: Bouvier 2001.

- Bruchhäuser, Andreas [mit Texten von Dieter Gube]: *Koblenz. Ein Maler sieht die Stadt an Rhein und Mosel*. Darmstadt, Mainz: von Zabern 2011.

Dieter Gube, arbeitet als Bildungsreferent bei der Landeszentrale für politische Bildung Rheinland-Pfalz und hat verschiedene Publikationen zu historischen und kunsthistorischen Themen veröffentlicht.

Michael Hörter, studierte Kath. Theologie und Germanistik in Bonn und Mainz, war Studienrat an der BBS Wirtschaft Koblenz und Mitglied des Landtags Rheinland-Pfalz von 1996-2011.

Heinz-Peter Preußer, Dr. phil. habil., lehrt als Professor für Theorie und Geschichte der Medien sowie Gegenwartsliteratur an der Universität Bielefeld, Fakultät für Linguistik und Literaturwissenschaft.

Endnoten – Sachliche Rheinromantik

1 Peter Handke: *Mein Jahr in der Niemandsbucht. Ein Märchen aus den neuen Zeiten.* Frankfurt/M.: Suhrkamp 1994, S. 35 f.
2 Handke, *Niemandsbucht*, S . 326 f., vgl. S . 710. Den Stellen korrespondiert eine Passage aus dem letzten Kapitel des Buches, S. 1032: „Ich habe noch viel zu gehen. Das Zufußgehen, gerade in der Autozivilisation, ist heute abenteuerlicher denn je. Gehen, leichtes Wissen." Vgl. dazu auch S. 874.
3 Vgl. Jean Starobinski: *Rousseau. Eine Welt von Widerständen* [1971]. Übers. aus d. Frz. von Ulrich Raulff. München, Wien: Hanser 1988, hier S. 43–55, S. 53 f. insb.
4 C[laus] Träger, Chr. Schulz: [Lemma] *Sentimentalismus*. In: *Wörterbuch der Literaturwissenschaft*. Hrsg. von Claus Träger. 2. Aufl. Leipzig: Bibliographisches Institut 1989, S. 471–473.
5 Vgl. dazu Frank Maier-Solgk und Andreas Greuter: *Landschaftsgärten in Deutschland*. Stuttgart: Deutsche Verlagsanstalt 1997, Allgemeines S. 16–33, zum Gartenreich in Wörlitz S. 64–85, zum Park in Muskau S. 186–201 insb.
6 Vgl. Michael Plaum: *Die Kultur-Zivilisation-Antithese im Deutschen. In: Europäische Schlüsselwörter. Wortvergleichende und wortgeschichtliche Studien*, Bd. 3: *Kultur und Zivilisation*. Hrsg. vom Sprachwissenschaftlichen Colloquium in Bonn: München: Hueber 1967, S. 288–292.
7 Dazu vom Verfasser: *Sentimentale Worpsweder. Kitsch, Kunst und Literatur um 1900*. In ders.: *Transmediale Texturen. Lektüren zum Film und angrenzenden Künsten*. Schriftenreihe zur Textualität des Films, Bd. 3. Marburg: Schüren 2013, S. 123–143; S. 128, 132 insb.
8 Die Begriffe nach Friedrich Schiller: *Über naive und sentimentalische Dichtung* [1795]. In ders.: *Sämtliche Werke*, Bd. 5. Hrsg. von Gerhard Fricke und Herbert G. Göpfert. 3. Aufl. Darmstadt: Wissenschaftliche Buchgesellschaft 1993, S. 694–780, hier insb. S. 695, 712 f., 716, 720, 728 f., 753. Vgl. auch Peter Szondi: *Das Naive ist das Sentimentalische. Zur Begriffsdialektik in Schillers Abhandlung* [1972]. In ders.: *Schriften*, Bd. 2. Hrsg. von Jean Bollack u. a. Frankfurt/M.: Suhrkamp 1978, hier S. 83, 95, 99, 104 f.
9 Theodor W. Adorno: *Die Wunde Heine* [1956]. In ders.: *Noten zur Literatur. Gesammelte Schriften*, Bd. 11. Hrsg. von Rolf Tiedemann u. a. Darmstadt: Wissenschaftliche Buchgesellschaft 1998, S. 95–100, hier S. 95 f., 100 insb.
10 Heinrich Heine: *Das Buch der Lieder*. Hier: *Die Heimkehr II* [das sogenannte *Loreley-Lied*, publiziert ohne Titel]. Nach der Ausgabe Heinrich Heine: *Sämtliche Schriften*. Hrsg. von Klaus Briegleb. Bd. 1: *Schriften 1817–1840*, S. 107. Vgl. auch den *Kommentar* dazu, Bd. 2, S. 718–722.
11 Erich Kästner: *Zeitgenossen, haufenweise. Gedichte*. Hrsg. von Harald Hartung u. a. In ders.: *Werke* [in 9 Bdn.]. Hrsg. von Franz Josef Görtz, Bd. 1. München, Wien: Hanser 1998, S. 65.
12 Dazu Uwe Japp: *Theorie der Ironie*. Frankfurt/M.: Klostermann 1983, S. 327; vgl. S. 24–37, 57 f.
13 Vgl. ausführlich dazu den Band *Rheinromantik: Kunst und Natur*. Für das Museum Wiesbaden hrsg. von Peter Forster. Regensburg: Schnell & Steiner 2013.
14 Abbate de Bertola [d. i. Aurelio de' Giorgi Bertòla]: *Mahlerische Rheinreise von Speyer bis Düsseldorf* [1795]. Übers. aus d. Ital. [vermutlich von Friedrich Müller, genannt Maler Müller]. Mannheim: Schwan und Götz 1796. Fotomechanischer Nachdruck Heidelberg: Winter 2004. Vgl. das Nachwort der Neuausgabe von Jörg Ulrich Fechner, S. 247–267, hier S. 261 insb., auch S. 266 f.
15 Vgl. de Bertola: *Mahlerische Rheinreise*, hier insb. den 10. bis 12. Brief, S. 56–60, 63 f. und 64–68 sowie passim. Zitat S. 64.
16 Heinrich von Kleist: *Brief an Karoline von Schlieben*. Paris, den 18. Juli 1801. In ders: *Werke und Briefe* in 4 Bdn. Hrsg. von Siegfried Streller u. a. 3. Aufl. Berlin: Aufbau 1993, Bd. 4, Briefe, S. 229–238, hier zitiert S. 233. Vgl. dazu auch den Band: *Der Rhein: Unser Weltkulturerbe* [2003]. Hrsg. von Hans Christian Hoffmann, Dietmar Keller und Karin Thomas. 2. Aufl. Köln: DuMont 2005. Darin insb. den Beitrag von Detlev Arens: *UNESCO-Welterbe Kulturlandschaft Oberer Mittelrhein*, S. 96–127.
17 Vgl. zum Erhabenen vom Verfasser: *Grandiose Gefühle. Konzepte des Erhabenen und ihre filmischen Realisationen. Burke – Kant – Lyotard* etc. In: *Deutsche Zeitschrift für Philosophie* 63 (2015), Heft 1. Schwerpunktheft: *Das Erhabene im Film*. Hrsg. von Andrea Marlen Esser, S. 152–189.
18 Peter Handke: *Gestern unterwegs. Aufzeichnungen November 1987 bis Juli 1990*. 3. Aufl. Salzburg, Wien: Jung und Jung 2005, S. 54.
19 Handke: *Gestern unterwegs*, S. 117.
20 Programmatisch dazu Peter Handke: *Der Bildverlust oder Durch die Sierra de Gredos*. Roman. Frankfurt/M.: Suhrkamp 2002, S. 24 f., 744 und passim. Vgl. vom Verfasser das Kapitel 3.4, *Die Wirklichkeit der Bilder. Peter Handkes leuchtender Alltag*. In ders.: *Pathische Ästhetik. Ludwig Klages und die Urgeschichte der Postmoderne*. Neue Bremer Beiträge, Bd. 17. Heidelberg: Winter 2015, S. 209–224.